Google・YouTube・Twitterで働いた僕がまとめたワークハック大全

仕事がサクサク終わってラクになれる科学的メソッド

THE JOY OF WORK

30 Ways to Fix Your Work Culture and
Fall in Love with Your Job Again

ブルース・デイズリー
児島修 訳

ダイヤモンド社

THE JOY OF WORK
by
Bruce Daisley

First published as The Joy of Work by Random House Business Books,
an imprint of Cornerstone.
Cornerstone is part of the Penguin Random House group of companies.
Japanese translation rights arranged with Random House Business Books,
an imprint of the Random House Group Limited,
London through Tuttle-Mori Agency, Inc., Tokyo

はじめに

■あなたはもっと楽しく働けるはずだ

あなたにとって、これまでの人生で体験した最悪の仕事とは何だろうか。僕はいまより20センチも背が低かった16歳の誕生日、バーミンガム市内の中心部にあるファストフード・レストランでアルバイトを始めた。その頃の僕は気弱なティーンエイジャーで、声変わりしていないことが恥ずかしく、自意識過剰で堂々と振る舞うことなんてできなかった。職場では誰にも話しかけることができなかった。初めての仕事に戸惑っていたし、ヘマをしてクビになったら学校で噂になってしまうかもしれないと怯えていたからだ。この職場を好きになれるかもしれないという期待はあった。でも、学校が好きだと子どもが口にしにくいのと同じように、その思いは心の中に隠しておくしかなかった。だから、黙々とテーブルを拭き続けた。

大人しく従順だったので、店長に命じられるままにシンクの下にある大量のネズミの糞をペーパータオルで掃除したこともある。派手な衣装に着替えさせられて繁華街に立ち、こちらにはまったく目もくれようとしないサッカーのサポーターたちに一日中割引チラシを配ったこともあった。

それは、僕にとって本当に人生で最悪の仕事だったのか？　いま振り返れば、たしかにそう言えなくもない。でも、当時はそんなふうには思っていなかった。バイト仲間と軽口を叩けると気づいてからは、長くて辛かった仕事の時間も楽しく感じられるようになった。

僕は気づいた。バイト先で幸せな気持ちを感じられるかどうかは、仕事の内容とは関係ない。それは仲間と一緒にどれだけ笑えるかで決まるのだ、と。

どれだけ仕事がキツくても、陽気な気分になれる瞬間がある限り、仲間との結びつきを感じられた。まだ、インターネットもなかった時代だ。家でぽつんと一人で時間を過ごすよりも、店でみんなと働いているときのほうが楽しいとすら思えた。

その後も、僕はパブや工場、レストラン、ホテルなどでアルバイトを続けた（家族を養う責任を背負わず、自分の小遣いを稼ぐ程度なら、この類いのハードな仕事にもそれなりに楽な気持ちで取り組める。そのことはもっと世間一般に知られてもいい）。いくつもの職場を渡り歩きながら、ある事実にはっきりと気づいた。働く側にとって最高の職場とは、必ずしも理想的な上司がいる職場ではないということだ。**むしろダメな上司がいるからこそ、活気や楽しさが感じられる職場もある。**

僕が働いていたメキシコ料理店では、しょっちゅう些細なことに腹を立てる店主がかんしゃくを起こして店を出ていったときに、職場の雰囲気が最高潮に達した。とんでもなく嫌味なその店主がいなくなった瞬間、僕たちは最高に美味しいチミチャンガをつくり始めたものだ。

僕はこんなふうにして職場の雰囲気を決めるのは上司ではないと気づいた。職場を快適にし、やりがいのあるものにするのは、その場所で働く全員の責任だ。誰もがその役割を果たせる。

スティーブ・ジョブズは、「自分のしていることを愛せ」と言った。もちろん、これは口で言うほど簡単ではない。それに、この手の何気ない励ましの言葉は、人を不安にもさせる。「仕事を愛せないのは、自分がダメな人間だからではないのか。もし、この仕事を心から望んでいるのなら、もっと給料がほしいとか、仕事が多すぎるとか、ストレスで辛いとかは言えなくなるはずだ。そんな文句を口にするくらいなら、この職場で本当に働きたいと思う他の誰かと替わるべきだ」と、自分を責める材料になってしまうかもしれない。

「仕事は充実していなければならない」という考えを他人に押しつけるのは間違っている。でも僕は、１人ひとりが仕事を少しでも楽しいものにするためにできることはあると考えている。ところが各種の調査結果は、その反対のことを示しているようだ。

「昔のほうが、働くことはいまよりもずっと楽しかった」という疑いには、それなりの根拠があるように思える。仕事が好きになれず、働くことに疲れている人は多い。全世界の労働者を対象としたギャラップ社の調査によれば、仕事にエンゲージしている人、すなわち仕事や職場に積極的かつ熱意を持って関わっている人の割合はわずか13パーセント。イギリスの場合、８

パーセントしかない[1]。僕たちは失業の恐れに怯え、公私の区別がつかないような職場環境によって神経をすり減らしている。日曜日の朝でも、スマートフォンの画面を頻繁に覗いては、仕事上のちょっとした緊急事態を知らせるメールが届いていないかと気にしている。

僕はこの10年、幸運にもグーグルやツイッター、ユーチューブといった最先端のテクノロジー企業で働くことができた。それ以前もHEAT誌、Q誌、キャピタル・ラジオ、「キス」ブランドなどの仕事に携わる、素晴らしい会社で働いてきた。現在、管理職として働いているツイッターのロンドン支社では、訪問者が会社の雰囲気をとても気に入ってくれる。職場を改善するためのアドバイスを求められたりもする。僕はそのことを誇りに思う。

ただ、僕が職場のカルチャーという長い間抱いてきたテーマを本格的に探究しようと決意したのは、ツイッターで辛い時期を体験したことがきっかけだ。当時は、みんな以前のように楽しそうには見えなかった。辞めた人もいた。会社に残った人も、疲れ、意気消沈していた。何より、僕は何が間違っているのか、どう対処すればいいのかがわからなかった。

暗中模索の日々の中で、僕が打開策として辿り着いた方法は、ポッドキャストを始めるという意外なものだった。番組を録音する際に、職場を改善するために必要なことをよく理解している人たち、たとえば組織心理学の専門家をゲストに呼べると思ったからだ。驚いたことに、専門家たちが示してくれた答えはとてもシンプルなものばかりだった。

そこで僕は番組の共同制作者であるスー・トッドと共に、これらのアドバイスをもとに、働き方を改善するために誰にでもすぐに実行できる８つの簡単な行動のリストをつくり、「ザ・ニューヨーク・マニフェスト」と名づけて公開した。反響は凄まじかった。このリストを自分たちの職場に応用する方法を詳しく教えてほしいと、警察や看護師、弁護士、銀行員などのさまざまな職場で働く人たちから問いあわせが相次いだ。

僕はこの経験を通じて、仕事をもっと充実させるために必要な示唆を与えてくれる科学的な研究結果はまったく不足していないということに気づいた。ただ、これらのエビデンスが、みんなが日々働く職場にうまく届いていないだけだ。だからこの本では、専門家の知恵をとてもシンプルな30の行動にまとめた。誰もが自分で試し、チームミーティングで提案できるものばかりだ。僕が長い間慣れ親しみ、自分自身でも実践してきたものもあるし、自分や周りの人間が身につけてきた悪い習慣を直してくれるものもある。これまでの職場の常識を覆すものもある――もちろん、どれもとても有効だ。

どんな職種であれ、仕事は僕たちの人生に大きな意味を与えてくれる。仕事が大好きだと公言することに抵抗を覚える人もいるかもしれない。でも、仕事を通じて幸せな人生を送っていると思うことを恥じる理由など、どこにもない。

この本があなたをもう一度ハッピーにすることを、僕は心から願っている。

■プレッシャーの中で創造的な仕事ができるのか？

普段は自由気ままな落ち着きを見せるカサブランカスも、さすがにこのときは強いプレッシャーにさらされていた。どこを見ても、自分に対する要求や期待は高まる一方だった。みんな「ただ近況を知りたくて」という名目で電話をかけてくる。でも、その声のトーンからは、（ジュリアンは次のアルバムの制作で、本当にそんなに苦しんでいるのか？）というニュアンスが強く伝わってきた——。

自分の仕事をロックスターの仕事と比較する人はあまりいないと思う。それでも、ジュリアン・カサブランカスの経験からは、僕たちが再び仕事と恋に落ちるための重要な教訓を学べる。

ザ・ストロークスのファーストアルバム、『イズ・ディス・イット』は2001年にリリースされるとたちまち大ヒットし、批評家にも絶賛された。ウェブサイト『メタクリティック』では、91パーセントという高スコアを獲得して、歴代トップアルバム40にランクインし、ガーディアン紙からも過去10年のトップアルバム5に入る傑作だと高く評価された。ニュー・ミュージカル・エクスプレス誌はこのアルバムを歴代4位に位置づけ、このバンドは「ロックを救う」という賛辞まで送った。ローリングストーン誌の批評家は、「今年聞いたどのアルバムより楽しく、激しい」と評し、「伝説が始まる」と表現した。バンドは1年もしないうちに、世界各地の最も権威あるコンサートホールでソールドアウトの公演を行うまでになった。

無名アーティストのデビューアルバムの大半がそうであるように、その制作プロセスは輝かしくはなかった。ニューヨーク出身の5人は、マンハッタンのローワーイーストサイドのアパートの地下にある簡素なレコーディングスタジオで、このファーストアルバムをレコーディングした。全曲の作詞・作曲を担当したボーカルのジュリアン・カサブランカスは、創作に没頭して髪型を気にする時間もなかった（ただしバンド内にはもっとひどいヘアスタイルのメンバーが1人いた）。完成した曲はガレージロックや60年代から70年代の音楽の影響がはっきりとわかるものだったが、それでも斬新さがあった。翌年、ザ・ストロークスはこのアルバムをひっさげてツアーを開始し、たちまち熱狂的なファンを獲得した。すぐに、次のアルバムがどんなものになるかということが話題の中心になっていった。

デビュー作である程度の成功を収めたとき、セカンドアルバムは確固たる名声を築くための重大な挑戦になる。一作目のアルバムで伝説的な存在になるアーティストはめったにいないが、二作目でその地位を不動のものにしたケースは少なくない。ニルヴァーナの『ネヴァーマインド』、エイミー・ワインハウスの『バック・トゥ・ブラック』、カニエ・ウェストの『レイト・レジストレーション』、イースト17の『スティーム』――。ザ・ストロークスにとっても、1枚目のアルバムの成功を足掛かりにして制作するセカンドアルバムは重要な意味があった。ファーストアルバムが100万枚を売り上げていただけに、期待も大きかった。

その結果生じたのは、強烈なプレッシャーだった。ファンからのプレッシャー、批評家からのプレッシャー、温かい家族からのプレッシャー、バンド内部からのプレッシャー。いろんな噂も立つようになった。レコーディングセッションが中止になった、プロジェクトが何度もやり直しになった――。ストレスに悩まされていたジュリアン・カサブランカスは、訪れたモジョ誌のジャーナリストに不安をぶちまけた。「自分でつくったプレッシャーに打ちのめされそうだよ。批評家やファンから〝ジュリアンは本当に次のアルバムで僕たちを失望させるのか?〟と言われているみたいな気がして。おかしくなりそうさ(2)」

二作目への世間の大きな期待を意識しながら、ザ・ストロークスは2003年、第4四半期のピークセールス期にあわせる形で新しいアルバム『ルーム・オン・ファイア』の音源をレコードレーベルに提出した。CDがプレスされ始め、音楽マニアのジャーナリストにサンプルが送られた。10月にリリースされたこのアルバムのレビューを初めて目にしたとき、カサブランカスの頭の中はみんなをがっかりさせてしまったのではないかという不安でいっぱいだったに違いない。

記事は総じて好意的ではなく、デビュー作の良さを再現しようとしたものの、オリジナルにあった新鮮さが失われたというのが全体的な主張だった。ガーディアン紙は「疲れたバンドがデビューアルバムの輝きをなんとか思い出そうとしているといった印象。曲の半分は頭数を揃えるためだけにあるような、冴えない出来」と手厳しかった[3]。エンターテインメント・ウィークリーUS版の評価は多くのリスナーの感想を代弁するものだった――「『イズ・ディス・イット』の劣化コピー版[4]」。カサブランカスの創造性は、ストレスに台無しにされたのか？ 独創的でなければならないというプレッシャーに押しつぶされてしまったのか？

ストレスやプレッシャーが、クリエイティビティを押し殺してしまうことを示す科学的証拠は豊富にある。プレッシャーが喜びを奪い、創造力を窒息させる。カサブランカスの頭にはアイデアではなく雑音が充満していた。

ストレスを感じると、創造性は窓の外から出ていってしまう。人は過去の成功にしがみつこうとし、新しく何かを創造するのではなく、これまでと同じことを繰り返そうとする。エンターテインメント・ウィークリー誌はこう続けている。「ザ・ストロークスが活動開始から間もないこの時期で過去の栄光にすがり始めようとしていることが気になる[5]」

このエピソードは、あなたの仕事とも関係がある。現代の職場ではストレスが常態化している。ミュージシャンの創作行為を妨害したのと同じ力が、仕事の世界で人々の判断力を鈍らせている。テクノロジーの進化によって働き方のスタイルが変容していることも、このネガティブな力を強めている要因だ。**簡単に言えば、現代の労働環境はどんどん悪くなっている。しかも、見通しはさらに暗い。**僕たちはいま、働き方や、働く人への心理的影響を大きく変え得る２つの潮流の真っただ中にいる。それはメガトレンドと呼ぶべき大きな変化だ。１つはインターネットによって常に仕事とつながるようになったこと。もう１つは、人工知能（ＡＩ）だ。

この20年間で、仕事が人々に要求することはさらに厳しくなった。携帯電話でメールができるようになったことも、働き方を大きく変えた。僕たちは電車やバスの中、ソファの上で仕事のメールを確認するようになった。働く時間も増えた。それなのに、生産性が上がっているという証拠はない。

最初、それはとても素晴らしいことのように思えた。携帯電話は、「仕事」と「職場」と「働くこと」の間にあった固定的な関係を断ち切った。僕たちはどこにいても自由にメールができるようになった。それは、心が解放されるような体験だった。自宅の快適なソファに寝そべりながら顧客からの商品価格の問いあわせに答えたり、電車の中から取引先に請求書の件を問いあわせたりできるようになった。営業担当者は、金曜の夜にパブで時間を過ごした後で仕事関連の面白い情報をみんなに送ってくるようになった。でも、その結果として働く時間が増えることになると気づいている人はほとんどいなかった。どれくらい増えるのか、見当もつかなかった。

でも、いまならわかる。携帯電話で仕事をするようになったことで、イギリスのオフィスワーカーの労働時間が7・5時間から9・5時間へと1日当たり2時間、比率にして23パーセントも増えたことを示す2012年の調査結果もある。[6] しかも報酬は、それに見あった割合では増えていない。仕事とつながっている時間も増えている。あるアメリカの調査によれば、専門職で働く人の6割が平日は13・5時間、週末には5時間、仕事のメールに対応できる状態にあるという。合計すると、週に70時間以上にもなる。[7]

社員がプライベートの時間でも仕事のメールをチェックすることを、会社も期待するようになった。ギャラップ社の調査によれば、勤務時間外に仕事のメールをチェックすることを期待している企業では、社員の62パーセントが実際にそうするようになるという。[8]

この本で詳しく説明していくように、あらゆる研究結果が、働く時間が長くなるにつれて、働く人の生産性が落ちることを示している。投資に対して生産性が頭打ちになる「収穫逓減」の法則が当てはまるのだ。特に、大きな影響を受けるのが創造性だ。長時間労働で消耗すると、心理学で「ネガティブ感情」と呼ばれる状態になりやすい（251ページを参照）。仕事は、楽しいものから嫌いなものへと変わってしまう。人は、心身の状態が良くないと仕事を嫌悪するようになる。[9] 常にメールで連絡をとれる状態になっていることも、僕たちをさらに不幸にしている。唾液から分泌されるコルチゾールレベルを測定した研究によれば、労働時間外にメールをチェックする人の半数はストレスレベルが高くなっていた。[10]

そして、もう1つのトレンド——いやメガトレンドであるAIの存在も忘れてはならない。ロボットが普及する社会は働く人にとって脅威だ。それがどんな未来をつくり出すのかは、まだ誰もよくわかっていない。自動化によって低賃金の仕事に大きな影響が及ぶことを大方が予測しているが、人工知能の「繰り返し作業に向いている」という性質は、さらに幅広い領域に破壊的な影響をもたらす可能性がある。なかでもよく例に挙げられるのが法律業界だ。この業界の仕事では、膨大な文献の中から過去の判例を探し出すという作業がかなりの割合を占めている。これはコンピューターが最も得意とする「パターン認識」の作業だ[11]。現在は法律の専門家は有望な職業だと思われている。でも、将来的にこの分野で働く人の数は半減するという予測は多い。そう遠くない未来、「この訴訟はこの判決をもたらしたこの訴訟によく似ている」ということを、すべてコンピューターが判断するようになるのかもしれない[12]。

楽観主義的な見通しを持つ人もいる。ロイヤル・ソサエティ・オブ・アーツのCEOで、テリーザ・メイ首相から将来の雇用に関する報告書を作成するよう依頼されたマシュー・テイラーは、僕にこう語った[13]。「オンラインショッピングの売り上げが増えたことで、むしろ雇用は増えたという分析もある。たしかにいま、店舗で働く人々は少なくなっている。でもその一方で、それ以上に倉庫業務や配達の仕事が増えている」[14]。それでも、時給30ポンド以下の仕事の大半がロボットに置き換えられるかもしれないという予測を、完全に無視することはできない。

どんな職業が生き残るのか？　おおまかに言えば、作業が定型的なものであるほど、機械に置き換えられやすい。逆に置き換えが難しいのは、予測不可能な問題を解決することが求められる仕事だ。「これを試したらどうなる？」「この商品を別のパッケージングにしたら？」というように、日々、創造性を発揮しながら新しい発見をし、知性を働かせ、思考することが求められる仕事だ。

「常に仕事とつながっている」という1番目のメガトレンドが僕たちの脳の働きを低下させることはあまり知られていない。現代人が多くの不安を抱えているのには理由がある。それは、生活の大部分を占めている仕事で強いストレスを感じているからだ。たしかに、仕事とはどんな時代でも大変なものだ。でも、いまから一世代、二世代前の人たちは、仕事と家庭をはっきりと区別できた。いまみたいに、「誰かからメールが来ているかもしれない」という思いに常にさらされる必要はなかった。

つまり、人工知能の脅威を乗り越えるには、もっと仕事を創造的なものにしなければならない。でも、常に仕事とつながっていなければならないプレッシャーが、クリエイティブな思考を困難にしている。その結果、前述した「ネガティブ感情」に陥りやすい。この本でも、過去50年の研究結果が明らかにしたネガティブ感情のマイナス面とポジティブ感情のプラス面を説明していく。

研究結果は、人々には自らの手で働き方や職場を改善できる力があることを示している。僕たちのほとんどは、職場を取り仕切るボスではない。何人か部下がいたとしても、物事の大半は上の立場の人間によって決められる。それでも、僕たちはどんな気持ちで働くか、同僚とどんなふうにコミュニケーションをとるかを自分自身で選択できる。

この本は、こうした状況にあるすべての人のためのものだ。

個人の力ですぐに変えられることもある。そして、いきなり自分だけの力で職場に大きな変革は起こせなくても、たとえば「働き方の改善方法をテーマにしたTEDトークの動画をチームで見る」といったことは提案できるかもしれない。どんな形であれ、あなたには自分自身と周りの人たちの働き方を変える力がある。そのことを忘れないでほしい。

この本は3部構成になっている。この本で紹介する30の方法は、組みあわさることで幸せな職場を実現するためにさらに強い力を発揮する。ただし僕は、これらを1つずつ独立させた形で説明することを試みた。

第1部の「リチャージ」（充電）では、エネルギーをリチャージする方法について説明する。僕たちはどうすれば自分自身のバッテリーを満タンにすることができるのか？　仕事をうまくコントロールするための秘訣や、マイナス感情からプラス感情に移行するための方法を詳しく見ていこう。

第2部の「シンクロナイズ」では、画期的な科学的研究に基づき、チームに信頼とつながりをもたらす方法を提案する。おそらくあなたは、チーム全員に働き方の改革を指示する立場ではないはずだ。その一方で、会社のトップがこの本を読んで職場の改善方法を自ら積極的に学んでくれることもあまり期待できない。それでも僕は、チームメンバー1人のビジョンと良質な情報がきっかけで、チームが改善された例をたくさん知っている。ここで紹介する、チームを同期（シンクロナイズ）させるためのアイデアを実践し、職場に良い変化を起こしてみてほしい。

第3部の「バズ」では、チームにとって最高の状態、つまり特別なバズ（活気）がある職場環境について説明する。第2部と第3部で紹介する中でも特に刺激的な研究結果は、ボストンのマサチューセッツ工科大学（ＭＩＴ）のある教授が実現させたとても斬新な調査手法に基づいている。それによって、成功しているチームには単に楽しそうな雰囲気があるだけではなく、測定可能な活気があることがわかった。職場での創造性や活力、成功を刺激するための効果的な方法とは何か、チームにバズをもたらすためには何が必要なのかについてのヒントも学べるようになった。

その教授とは、アレックス・ペントランドのことだ。それまで、職場をテーマにした研究では実験室でそれに近い状況をシミュレーションするしかなかった。だが、ペントランドは小型の「ソシオメトリックバッジ」を用いた画期的な方法によって、こうした人為的に再現された環境に依存する実践手法を不要にした。このバッジは多くの企業で入退室管理などに用いられているIDカードに組み込めるため、社員は普段通りに行動するだけでいい。

取りつけられたセンサーから取得したデータを分析することで、オフィスで起きていることと、社員が実際にしていること、意思決定が周りに与えている影響などを、細かく知ることができるようになった。同じく、社員の効果的ではない行動も正確に突き止められるようになった。ペントランドの研究は、オフィスで僕たちがすべきこと、すべきではないことについての有益なアドバイスを与えてくれる（1つ種明かしをしよう。メールは現代のオフィスでの生産性の向上にはほとんど貢献していない。詳しくは本書で説明する）。

このような研究結果を通して、オフィスに活気を取り戻す方法を探っていこう。ぜひ、各章を読み、実際に試し、チームミーティングで紹介してみてほしい。この本を友人に貸してみてほしい。誰もが簡単な工夫によって、もっと仕事を楽しいものにできることが、よくわかるはずだ。

もう一度、仕事と恋に落ちよう。

仕事の喜びを、再発見するときが来た。

Google・YouTube・Twitterで働いた僕がまとめた

ワークハック大全

仕事がサクサク終わってラクになれる科学的メソッド

Contents

第1部 リチャージ パフォーマンスを高め、もっと軽やかに働くための12の方法

第2部

シンクロナイズ
チームを結びつける8つの方法

シンクロナイズ 3

会議時間を半分に減らそう 180

シンクロナイズ 4

ソーシャルミーティングをしよう 192

シンクロナイズ 5

もっと笑おう 203

第3部

バズ

活気のあるチームの10の秘密

Introduction

バズるチームのつくり方 244

バズ 1

仕事を「解決すべき問題」としてフレーミングしよう 274

バズ
10
リラックスしよう 341

エピローグ —— #LoveWhereYouWork 349

本文中、かっこで番号があるものは原注があります。
参考資料と併せて、http://www.diamond.co.jp/go/pb/workhack.pdf より
ダウンロードいただけますので、ご活用ください。

第1部

リチャージ

パフォーマンスを高め、もっと軽やかに働くための12の方法

Introduction

「疲れきった自分」をどうしたら復活させられるか？

■なぜ、「エネルギーの充電（リチャージ）」が必要なのか？

銀行員出身の研究者アレクサンドラ・ミシェルは、銀行業界という金の成る木を登ろうとする投資銀行の社員を対象にした研究を9年間も続けてきた。

猛烈に働くことが求められる投資銀行業界が、社員への愛情や気遣いで有名になることはない。何十年もの間、若い新入社員は午前8時から午後11時まで、1日15時間働くという不文律に従ってきた。その引き替えとして、人口の上位0・1パーセントを占める大富裕層になれるチャンスが手に入る。2015年、ゴールドマン・サックスはイギリス支社の社員の平均給与が100万ポンドであることを明らかにした。これには秘書などの低賃金の社員も含まれているので、総合職の平均給料はさらに高くなる。社内トップの収入を得ている者の年俸は数百万ポンドにもなる。[1] 1日15時間労働というハードな毎日を過ごし始める新人たちの収入はこれに比べればごくわずかだが、将来、大金が得られるかもしれないという期待が、睡眠時間を削り、まともな人づきあいもできずに数年間を過ごすことへの原動力になっている。

これと同じくらいハードな働き方をしている人は少ないはずだ。でも、その容赦ない仕事ぶりが投資銀行の社員の健康にどんな影響を及ぼしているのかという事実から、僕たちは自分自身の働き方にも活かせる多くの教訓を学ぶことができる。

ミシェルの研究は、極端な働き方が、急激な体重変化やストレスによる脱毛、パニック発作、睡眠不足などの悪影響をかなりの確率で引き起こすことを明らかにした。3年から4年もこうした仕事の仕方を続けていると、糖尿病や心臓、腺、免疫系の疾患、がんなどの大病を患うようになるケースも少なくない。過労の影響は周囲の目にもはっきりとわかることが多い。「彼女はほとんど目が開いていないような状況だった」と同僚を観察した人もいた。[2]

中毒（薬物、飲酒、ポルノ）や他者への共感の喪失、抑鬱や不安など、精神面への影響も顕著だった。心と身体への影響は深く結びついていた。肉体的疲労で生じた「借り」を、中毒で埋めあわせようとする。「もともと自己管理が得意だったのに、身体に悪いことをするのがどうしても止められず、絶望的な気分になる」とある銀行員は言い、中毒に苦しむ別の銀行員は、「朝、目を覚まし、前日に自分がしたことを思い出し、それがただの悪夢だったらいいのにと願いながら、今日こそは同じ過ちを繰り返さないぞと自分に言い聞かせて1日を始める」と述べた。重たい身体を動かすために薬物に手を出したという者もいる。「深く考えないまま、身体の辛さをごまかせるものならなんでも試した」

ミシェルは、働きすぎは銀行員の心身の状態を低下させるという結論を導いた。「私はウーバーのタクシーに勢いよく駆け寄った」とある銀行員は回想する。「でもドアはロックされていた。私がドアハンドルを握ったまま何度もドアを開けようとするので、ドライバーはロックを解除できなかった。完全に頭に血が上った私は窓を激しく叩き、哀れなドライバーを罵倒し続けた」。腹いせにカメラを取り出してドライバーを撮影し、最低評価の1つ星をつけた。「自分の肉体の感覚や、自分自身に対する思いやりや尊厳を失えば、人は他人にも同じことをする。有能だったはずの銀行員が、人を傷つけるような人間になる」とある銀行の管理職は言った。過労は、道徳心をも荒廃させてしまう。当然、創造性も影響を被るようになる。「以前は自然といろんな発想が湧いてきた。でもいまは頑張らないとアイデアが浮かばず、独創性も失われたと感じる」と疲労に悩む社員は言った。

若者が殺しあいをするイベントがテーマのヤングアダルト小説『ハンガー・ゲーム』の銀行版とも呼べる過酷な世界で、死体の山が築かれていった。そこには社員が燃え尽きて辞めたとしても、また補充すればいいという「バーン・アンド・ターン」という考えがあった。大企業にとって、新人の採用はそのプロセスの一環だ。新入社員がどれだけ疲弊していても、同情はしない。数ケ月もすれば、またフレッシュな若者が入社してくるからだ。それはいまに始まったことではない。銀行は何十年もずっとそのような慣行を続けてきた。だから長い間、こうした常軌を逸した労働条件は看過され続けた。それには、巨額の年収を稼ぎ出す集団に入るための通過儀礼のような意味あいもあった。

２０１３年８月、バンクオブアメリカ・メリルリンチの投資部門に勤務する21歳のインターン、モーリッツ・エアハルトが発作で倒れ、息を引き取った。同僚によれば、エアハルトは死の直前、３日間不眠不休で働いていた[3]。この件をきっかけに、業界内で働き方をあらためるべきだという動きが広がった。２０１３年の秋、ゴールドマン・サックスは新入社員に「土曜日には仕事をしないこと」という、これまでとは路線の違うガイダンスを提示し、週に70時間から75時間以上は働かないようにという通達もした。それまでには見られなかった社員の長時間労働に対する配慮だった。この「サタデールール」はその後、金曜日の午後9時から日曜日の午前中までは会社に入ってはいけないというルールに発展した。他社もこれに追随した。クレディ・スイスも土曜日の出社を禁じる規則を導入し、バンクオブアメリカ・メリルリンチは月に27日以上出社すべきではないというガイダンスを設けた[4]。

僕たちは、億万長者に憧れる銀行業界の若者たちに同情すればいいのだろうか。それとも銀行が定めた、ある意味では申し訳程度としか思えない改善案を称賛すればいいのだろうか。これは簡単に解釈できる問題ではない。いずれにしても、銀行業界に目を向けることは、僕たち自身の働き方の極端な例を考えるうえでの参考になるのは間違いない。

銀行員たちが3、4年をかけて心と身体に（取り返しのつかないこともある）ダメージを蓄積していったのと同じように、たとえそのペースは遅くても、僕たちが仕事を通じて受けているストレスの影響も積み重なっているはずだ。にもかかわらず、僕たちは銀行員たちと同じように、ダメージが生じていないふりをしようとする。でも、深刻な状態になっていなくても、その症状は確認できる。

燃え尽き症候群は世界中に広がっている。そしてもちろん、社員が燃え尽きるのを防ごうとしない無責任な企業もある。銀行業界以外にも、「バーン・アンド・ターン」のモデルに従っている業界はいくらでもある。学校を出たばかりの仕事に餓えた若者を採用し、1日15時間も働かせ、消耗して使い物にならなくなったらまた新人と置き換える。

長年の慣行であるはずの長時間労働の影響が、これほど顕著になっている原因には、携帯電話の普及も関連している。[5] 銀行員は昔から会社で長い時間を過ごしていたが、それでも1日のうち数時間は仕事から完全に解放されていた。しかし携帯電話のおかげで、いまではそのオフもなくなり、ますます逃げ場はなくなっている。この変化によって、何世代も続いてきた慣行も崩壊しようとしている。バーン・アンド・ターンのシステムに依存してきた業界は、燃え尽きる若者がかつてないほど増えていることに気づき始めている。現代の厳しい労働環境を反映するかのように、いくつもの調査結果が、全従業員の半数以上が燃え尽きた感覚や疲労を感じていることを示している。[6]

■科学的根拠に基づいた「ハッピーに働ける方法」

最近では、職場で孤独を感じる人の割合も増えている。[7] 出社し、広いオフィスにある自分の席にぽつんと座り、寂しく1日を過ごす。最近の調査によれば、イギリスの労働者の42パーセントが職場に友人が1人もいない。[8] これは異常事態だ。以前、職がある人はそうでない人に比べて幸せで、充実した生活を送っていた。どのような仕事であれ、それは生き甲斐や人と触れあう機会を与えてくれるものだった。

僕たちは、驚異的にテクノロジーが発展し続ける時代を生きている。携帯電話を使えば、通勤バスの中で前日に見逃したテレビ番組を見ることができるようになった。ポケットに入れて持ち運べるこの機器を使えば、世界中どこにいる人とだって話ができる。かつて、僕たちが未来を夢見たときに浮かんでいたのは、日光浴をしているとロボットがアイスクリームを運んでくれるような光景だった。まさか、1日に何度も電子機器を覗き込み、その度にゾンビみたいに頭を仕事モードに切り換えなければならない生活を送ることになるなんて想像もしていなかった。

そう、現代の職場はさまざまな問題を抱えている。だからこそ、科学的な研究成果に裏づけられた改善策に目を向けるべきだ。

この「リチャージ」のセクションでは、僕たちが自分自身を回復させ、ハッピーに働けるようになるための方法を説明する。どれも最新の科学的研究に裏づけられているものだ。上司や同僚に提案して、職場を改善するためにも活用してほしい。これらはパフォーマンスを向上させる効能がある薬剤のようなものだ。実践することで生産性や創造性、仕事の楽しさが増すことが証明されている。

この15年で、働くことに関する科学的研究は長足の進歩を遂げた。神経科学や行動経済学、そして「ピープルアナリティクス」の登場によって、職場で実際に起きていることを細かく理解できるようになった——働き方を改善するために、いますぐに始められる行動についても。

これから、働き方を大きく改善できるアドバイスを紹介していく。あなたの仕事に対する態度を根本的に変え、ハッピーにしてくれるようなものばかりだ。

かつて、働くことはいまよりもずっと楽しいものだった。たとえいまはそうではなくても、僕たちは状況を変えられる。時代は変わり、職場や仕事に求められているものも変わった。僕たちは、それに適応しなければならない。

リチャージ
1
「午前中の修道士モード」で、仕事に集中できる時間をつくろう

■「あなたの上司」はどこにいる?

あなたはどんな職場で働いているだろうか。最近は、仕切りや個室のないオープンスペースのオフィスで働く人が増えた。人と職場について話をしているとき、話題はオープンスペースが採用されているかどうかではなく、どんな種類のオープンスペースかになることが多い。この会話の行き着く先は、CEOのオフィスのタイプだ。会社のボスが働いているのは、個室なのか、仕切りのあるオフィスなのか、あるいは大半を過ごすことになる会議室のすぐ傍のデスクなのか。

たとえば、グーグルのＣＥＯには自分専用のオフィスがあるが、[1]フェイスブックのＣＥＯは会議室のすぐ傍の席が定位置だ。ネットフリックスのＣＥＯはオフィスを持たず、[2]ギャップのＣＥＯは持っている（ただしデスクはない。他の会社はどうなっているかについても考えてみてほしい）。

こんなふうに上司たちがオフィスの中で最善の居場所を求めて試行錯誤を繰り返しているのには理由がある。**オープンスペースは、社員とのつながりを深めるのには都合がいいが、集中しにくく作業には向いていないというジレンマを抱えているからだ。**

ＣＥＯたちは、この矛盾の中でバランスをとろうとして苦労している。

現代の職場からは、従来のような堅苦しさは減り始めている。ネクタイの着用を義務づける会社も少なくなり、仕事場でも普段と同じような感覚で過ごしやすくなった。同時に、オフィスから仕切りが消え始めた。いまではオフィスの仕切りは、縦割りの階層構造を重んじる古い価値観の企業を連想させる、過去の遺物のようなものになった。逆に仕切りのないオフィススペースは、フラット型の組織構造をした新しい価値観を持つ組織を象徴するようになった。

もちろん、オープンオフィスの普及が進んだのには、コストが安いという理由もある。オフィスの賃貸料が高いとき、企業ができるてっとり早く確実なコストカットの方法は、オフィスの仕切りを取り払うことだ。フィナンシャル・タイムズ紙によれば、２０１７年にロンドンで社員１人当たりの作業スペースを維持するために必要な経費は、オープンスペースの場合で年間約1万5000ポンド。仕切りのあるパーソナルオフィスにすれば、さらにコストは上がる。[3]

こうした事情もあって、さまざまな職場で仕切りをなくした広々としたオープンスペースのオフィスを採用する流れが加速している。その光景は壮観で、スタイリッシュにも見える。スペースが増えた分、壁にはアート作品を展示したり、綺麗な装飾を施したりもしやすくなるし、自然光も取り入れやすい。

オープンスペースの支持者は、職場環境の改善効果もあると主張する。仕切りがないと職場の人間と顔をあわせやすくなるし、同僚同士のデスク越しのふとした会話から良いアイデアが生まれやすくなるというのだ。アップルのCDO（最高デザイン責任者）を務めるジョナサン・アイブは、カリフォルニア州に新設された同社の従業員1万3000人が働くオフィスのビジョンを「アップルが開放感と自由な動きを尊重していることの具体的な表明」だと力説し、ワイアード誌には「目指したのは、たくさんの従業員がつながり、協力し、歩き、話せる建物をつくることだった」と語っている。[4]

■「オープンスペース」の生産性は最悪！

でも、このユートピア的な見解には問題があった。つまり、それは理想にすぎなかったのだ。オープンスペースのオフィスはこれまで何度も研究対象になってきた。だが、導かれる結論はいつも同じ。**すなわち、生産性の観点から言えば、それは最悪なのだ。**

オープンスペース型のオフィスを導入したある石油ガス会社を対象にして、移行前、移行4週間後、半年後の従業員の職場環境に対する満足度、ストレスレベル、仕事の業績、対人関係を評価した心理学研究は、「従業員はあらゆる点で苦しんでいた。新しいスペースは雑然としていて、ストレス要因が多く、落ち着かないものだった。従業員同士は、相手を身近に感じると同時に疎外感や不満足も覚えやすくなり、イライラしていた」と観察している。[5]

別の研究によれば、オープンオフィスに切り替えることで、社員同士がやりとりするメールの数は56パーセント増加し、対面でのやりとりは3分の1に減少した。[6] ニュージーランドの研究によれば、オープンスペースにした結果、従業員間で相手に要求することが増え、人間関係も悪化した。仕事に集中しにくくなったことで生じた不満が原因だと考えられている。[7]

ジョナサン・アイブは、アップルが発表した新しい夢のオフィスを美辞麗句で賛美したが、社員の反応は違った。シリコンバレー・ビジネス・ジャーナル誌によれば、何人かのシニアエンジニアは別の建物で仕事をするようになった。[8] オープンスペースはうるさくて気が散りやすい。それは、アップルがつくってきた世界に名だたる製品のような美しさとは、ほど遠い職場環境だった。

オープンスペースのメリットを支持する研究結果は極めて少ない。オープンスペースのオフィスで働く人は、近くに同僚が少数（6人未満）しかいないオフィスで働く人たちよりも病欠

マルチタスクと生産性の関係

同時進行しているプロジェクトの数	他のプロジェクトに注意を切り替えることで失われる時間	総労働時間に占める各プロジェクトに費やせる時間の割合
1	0パーセント	100パーセント
2	20パーセント	40パーセント
3	40パーセント	20パーセント
4	60パーセント	10パーセント
5	75パーセント	5パーセント

日数がはるかに多くなる[9]。また、同僚から気軽に質問される、同僚の話し声が気になる、などといった要因によって、平均して3分ごとに仕事への集中力を妨げられている[10]。〝一度中断された集中状態を取り戻すためには最大で8分かかる〟という研究結果があることを考えれば、これはかなりの時間の浪費だ（集中状態を完全に取り戻すには20分前後かかるという研究結果もある[11]）。

人間が集中する対象を切り替えるのが得意ではないことは、はっきりわかっている。ある研究によれば、プロジェクト5件を同時に進行させていたソフトウェアエンジニアは、注意力を切り替えることに作業時間の75パーセントを費やしていた。つまり、集中して作業に取り組めていたのは、1プロジェクト当たり作業時間のわずか5パーセントしかなかったということだ[12]。

この背後で起きているメカニズムを、ミネソタ大学ビジネススクール教授のソフィ・リロイが説明している。「人が切り替えたタスクに完全に注意を向けるには、それまでのタスクについて考えるのをやめなければならない。だがやりかけのタスクのことを完全に忘れるのは難しく、結果として切り替えたタスクを行う能力が損なわれる[13]」

リロイによれば、「上司からのメールに返信する」から「プレゼンテーションを作成する」にタスクを切り替えるとき、「注意残余」と呼ばれる注意力の余韻が生じる。すなわち、「メールの内容はあれで正しかったかな?」とか、「上司はいつ返事を書いてくるだろう?」といったことを、まだわずかに考え続けている。その結果、切り替えたタスクに注意力を向けられず、余計に時間がかかってしまう。複数作業をマルチタスクで行っているとき、人のIQが10ポイントも減ることを示した研究もある。これは、酒に酔っているのと同じ状態だ[14]。

■「仕事での充実感」は何から生まれるか?

集中を妨げられてばかりいると、人は身を入れて仕事ができないという感覚を強く覚えるようになる。これは自己肯定感に悪影響を与える。この分野の第一人者である心理学者のテレサ・アマビールによれば、**人が仕事に満足感を覚えるのは、「進捗を実感しているとき」だという。**

つまり、大量のメールの返信に追われるのではなく、1つの重要なタスクに集中しているとき、人は仕事への満足感を高める。[15] ハンガリー系アメリカ人の心理学者ミハイ・チクセントミハイはこの状態を「フロー」と呼び、こう説明している。「活動そのものに完全に没頭し、自我は消え去り、時間は瞬く間にすぎ去る。あらゆる行動や動作、思考は、ジャズを演奏するように、その直前のものから必然的に導かれる。その行為に全身全霊をかけて集中し、持てる能力を最大限に活用している[16]」

アマビールによれば、フローは短時間の集中によってもたらされることが多く、長時間持続させる必要もない。アマビールは9000人以上の被験者の業務日誌を分析し、1日の仕事に充実感を覚えるかどうかは、達成を目指している重要な業務で有意義な進捗があったかどうかが大きく影響していることを明らかにした。また、「気になっていたアイデアをようやくまとめた」といった、心に余裕を持てた（特に、1人で静かに思考できた）日に充実感は高まっていた。

ある被験者の業務日誌にはこう記されていた。「今日は中断することなくプロジェクトに集中できた。雑談で中断されてばかりでまともに仕事ができなかったので、静かに集中できる場所で作業をした[17]」。誰にも邪魔されず、静かに作業をすることはフローにつながる。フローは進捗をもたらす。そして、進捗は満足につながる。

これは、〝創造性は集団で生み出すものであり、チームで成し遂げるものだ〟という最近よく耳にする言葉とは逆に思えるかもしれない。もちろん、オープンスペースのオフィスでは、その狙い通り、グループディスカッションによって生産的な仕事が促されることもある。

それでも研究結果は、集中して有意義な仕事ができるのは、1人のときである場合が多いことを示している。「職場ではまともに仕事ができない」「仕事を集中して片づけられるので、朝、誰も出社していない時間帯にオフィスに入る」という人は、すでにこのことを体感的に理解しているはずだ。

■「会社に行く意味」があるかを考えてみよう

作家・研究者のカル・ニューポートは、仕事における「フロー」状態を、「認知能力を限界まで押し上げる、気が散る要素のない状態で集中して行う職業的な活動」と定義し、「ディープワーク」という独自の用語で呼んでいる。また、この状態を達成するための具体的な提案もしている。起業家、特に小さなスタートアップ企業のCEOには、僕が〝モンクモード・モーニング〟(午前中の修道士モード)と呼ぶものを実践している人が多い。

彼らはこう言う。〝午前11時か正午までは誰とも連絡をとらないし、会議にも出ない。メールにも返信しないし、電話にも出ない〟。午前中は各自が静かに仕事に集中し、他人と関わる仕事は午後に回す、というアプローチを会社全体で採用しているケースも多い。アマビールも、〝作業に集中する時間と人と積極的に関わりあう時間をうまく組みあわせる〟という作業モデルを推奨し、仕事の成果を高めるには、「週のうちまとまった時間を予め強制的に確保し、その時間は通常の職場環境で生じる気を散らす要因から従業員を守る」ことが必要だと言う。

あなたも、この方法を取り入れてみてはどうだろうか。たとえば、〝水曜日と金曜日は、午前11時まで出社せず、家で集中して仕事をしたい〟と会社に提案してみるのだ。僕が勤務しているツイッターのロンドン支社の同僚、デヴィッド・ワイルディングも自分にあった形でこの「モンクモード・モーニング」を実践している。通勤に片道2時間かかるデヴィッドは、ラッシュアワーにロンドンに向かう電車に乗っているのは時間の無駄だと判断した。車内は混んでいて、見知らぬ人と身体を寄せあいながらずっと立っていなければならない。

そこで、ノートパソコンが広げられるボックス席に座れるように普段よりも少し遅い時間に電車に乗ることにした。それにより（サウスウェスト・トレインズの無線ＬＡＮの電波状態が恐ろしく悪いせいで）、メールや仕事用のチャットをするのではなく、大切なプロジェクトに集中できるようになった。遅く出勤する日は、いつもとは違い午前9時30分までには出勤できない。それでも会社に着いた時点では、すでに車内で2時間近くもディープワークを終えているのだ。

広告業界の著名人で、オグルヴィワン社のディレクターを務めるロリー・サザーランドはさらにこの考えを徹底させ、現代では、出社するのはメールを書くためではなく、人と会い、話をするためだと主張している。「一昔前なら、コピーをするのにも会社に来なければならなかった。書類をつくる、プレゼンテーションの準備をする、テレックスを送信する、すべて会社の道具が必要だった。国際電話ですら、出社しなければできなかった。自宅からかければ、29ポンドもの費用を請求されてしまうことになるからだ。つまり、オフィスにはそこに行かなければできないさまざまな機能があった。一歩会社を出れば、鉛筆と紙だけでもなんとかなる仕事しかできなかった。でもいまでは、ブロードバンド接続しているパソコンさえあれば、オフィスでできる9割の仕事は自宅でもできる。だから私たちは、〝この時代、オフィスは何のためにあるのだろう。〟と自問すべきなのだ」

サザーランドは、生産的で有意義な仕事がしたいなら、コンピューターの前に座ってメールを書くためだけに出社するのは間違いで、事前に予定していた人と会ったり、その場所にいる人たちと顔をあわせて話をしたりするために会社に行くべきだと言う。「メールを書いているときに、誰かと社内で偶然に出会ったりはしない。メールは基本的に、人間関係を広げていくためのツールではない[18]」

職場で幸福感と充実感を高めるための方法が、〝大切な仕事をしていると実感すること〟ならば、あなたも週に2回のモンクモード・モーニングを取り入れてみてはいかがだろうか。ぜひ、社内のチームにも提案してみてほしい。

まとめ

- 最近、まとまって仕事に集中できる時間をつくったのはいつかを思い出そう。同じように集中できる状況をもう一度つくれるだろうか。そのためには、何が必要だろうか。週に2回、3時間ほど誰にも邪魔されずに静かな環境で仕事に集中できるように工夫してみよう。
- 一般的に、モンクモードを実践するのは午前中が適しているという人が多い。ただし、午後のほうが集中または実践しやすいという人もいる。自分にあう時間帯を探ろう。
- モンクモードに入っている間は、気を散らすものや邪魔するものを避けること。携帯電話の電源は切り、メールの通知もオフにしよう。
- モンクモードを実践したときの仕事の成果を記録しよう。実績を示せば、周りにいるモンクモードに乗り気ではない人にも興味を持ってもらいやすくなる。
- モンクモードがうまくいかない場合は、時間と曜日を変えて再び試してみよう。

リチャージ
2
「ウォーキング会議」に出かけよう

■ウォーキングは「アイデア出し」に向いている

なんとかいいアイデアを浮かべようと、デスクの前でじっと座っていたり、会議室に閉じこもっていたりするときに立ち上がって散歩に出かけるのは、気が散る原因になると感じるかもしれない。仕事に追われているときに休憩をとっても、事態は悪化するだけだと思ってしまう。なぜなら、散歩をしても仕事は減らないからだ。減るのは仕事をするための時間だけだ。

でも、身体を動かして血のめぐりを良くすることで魔法のようなことが起こる。**なかでも、散歩ほど凝り固まっていた思考を解きほぐし、脳の創造的な部位を刺激するのに最適な方法は**

ない。

ハリー・ポッターシリーズの作者として知られる作家のJ・K・ローリングも、「アイデアを浮かべるのに、夜の散歩ほど役立つものはない」と言っている。同じく、文豪のチャールズ・ディケンズ（長編小説を15作、短編小説を数百も書き、週刊雑誌の編集をしていた多作の作家だ）も、毎日9時から2時までの5時間を集中して執筆を行う時間と決めていた。そしてこのディケンズ流の〝ディープワーク〟を終えた後の日課が、15キロから20キロもの長い散歩だった。「そうしなければ、私は健康を保てない」とディケンズは述べている。

極めつきは、哲学者のセーレン・キェルケゴールの言葉だろう。「私は歩くことで、最善の思考へと足を踏み入れる。そして、歩けばどんな重苦しい考えからも離れられる[1]」

でも、これには確固とした科学的な裏づけはあるのだろうか。それを実験で確かめようとしたのが、スタンフォード大学のマリリー・オペッゾとダニエル・シュワルツだ。

2人は実験で、創造性を評価するためのいくつもの方法を採用した（たとえば、被験者にモノを見せて、適切かつ創造的な新しい使い方を答えさせる、「代替用途」テストだ。ある被験者は、カギを見せられ、それがどことなく〝目〟の形と似ているところから、「新しい目」と提案したが、それは「適切かつ創造的な使い方」とは認められなかった。別の被験者は、「襲われて死にかけている人が、犯人の名前を地面に彫るために使う」と提案したが、これはカギの「適切かつ創造的な使い方」として認められた——他の被験者からは眉をひそめられてしまったけれど[2]）。

実験は、さまざまな方法で試みられた（被験者に、座っていた状態から歩かせる、歩かせてから座らせる、単に歩かせる、座らせる、などの動作をさせたりもした[3]）。

実験の結果、歩くことは創造性を高めることがわかった。被験者の81パーセントが、座っているときよりも歩いているときに創造性テストのスコアを高めていた（歩いているときのほうが平均で60パーセント、スコアが増加した）。研究は、有酸素運動には創造的思考を促す効果があると考察している。**ウォーキングは、アイデアを自由に生み出したいときに大きな効果がある。ただし、複雑で論理的な問題を解くのには向いていない。**

専門用語で言えば、歩くことは「収束的思考」（ある問題に対する「正解」を見つけるような思考）よりも、「発散的思考」（斬新で創造的な発想が求められるような思考）に向いている。しかも、この効果は持続する。散歩をした後で創造性のテストを受けた被験者は、座ったままで散歩をしなかった被験者よりも得点が高かった。

歩く場所にも大きな意味がある。２０１２年の別の研究によれば、屋外を50分歩くことは集中力を高める。つまり自然の中を歩き回ることで、それまで頭を占拠していたものが取り除かれ、まっさらな気持ちでデスクに向かえるようになる[4]。

■マフィアが大事な話をするときの黄金ルール

散歩には、アイデアを思いつきやすくなる以外の効果もある。ミーティングの最適な方法にもなるのだ。クリス・バレス＝ブラウンは、リーダーシップ研修会社「アッピング・ユア・エルビス」を経営している。リーダーの創造性を高めるという評判を築いている同社では、心の中の障害物を取り除くための、「ウォーク・イット・アウト」と呼ばれるプロセスを採用している。

バレス＝ブラウンは、２人１組での長くて30分間程度の屋外の散歩というアプローチを採用している。散歩中は、どちらか１人がいま抱えている問題について話す（バレス＝ブラウンはそれを、思いつくままに「吐き出す」と呼んでいる）。始める前は、「試してはみるけど、たいしたメリットがあるとは思えないな」といった懐疑的な態度をとる人も少なくない。しかし、30分後には「驚いた！　頭の中が実にすっきりしたよ」という感想と共に戻ってくる。

バレス＝ブラウンはこのアプローチには、頭の中の考えを思いつくままに吐き出すことで、それが整理され、新鮮な視点が得られるという効果があると考えている。普通、人は事前にある程度考えをまとめることなく、思いつくままに誰かに話をする機会はほとんどない。でも、誰かと並んで歩きながら話をしているときは、それが可能だ。**しかも、それまでの考えを新し**

く編集し直して、新しい形で提示しているような感覚も得られる。

バレス＝ブラウンの場合、このウォーキング会議の長さを7分30秒という短時間に設定することが多い（30分間にする場合もある）。「散歩を終えたペアは、それまで注意を向けていなかったことに気づいたり、悩まされていた問題に対する新しい視点を得たりして、頭をすっきりさせて帰ってくる」[5]。歩くことによって発散的思考が刺激され、アイデアがわき出してくる。そのアイデアを相手に伝えることで、頭の中を整理する収束的思考と組みあわせられる。

機密性の高い情報を屋外で話すことに抵抗を覚える人もいるかもしれない。会話の内容を誰かに立ち聞きされてしまうかもしれない。会議室のほうが安全なのではないのか。でもマフィアに言わせれば、それは違う。捜査当局に協力した唯一のニューヨーク・マフィアの大物として知られるジョセフ・C・マッシーノはかつて、マフィア同士の重要な会話をするときの黄金のルールについて法廷でこう語った。「クラブで話してはいけないし、車中で話してもいけない。携帯電話で話すのも、固定電話で話すのもいけない。つまりは、屋内では話してはいけない」[6]（僕はまるで児童文学作家のドクター・スースが書いたマフィア本みたいな、このマッシーノの話し方が好きだ）

マッシーノは、マフィアにとって秘密を漏らさずに大切な話をするための一番安全な方法は、通りを歩きながら話す、「ウォークトーク」だと述べている。もし、ＦＢＩのエージェントからの盗聴を恐れているマフィアにとって、歩きながらの会話が安全なのならば、一般人である僕たちが来年のマーケティング計画を屋外で話しあうのも大丈夫なはずだ。

今日の仕事の多さに気が滅入りそうになったり、凝り固まった頭を解きほぐしたりしたいのなら、デスクから離れ、会社の外を歩いてみよう。ドイツの偉大な哲学者フリードリヒ・ニーチェもこう語っている。「真に価値のある考えはすべて、歩くことから生み出されている」

まとめ

- 会社で、いつもの会議の代わりにウォーキング会議をすることを提案してみよう。
- 初めのうちは慣れずにうまくいかないことがあるのを想定しておこう。続けていくうちにコツはつかめる。
- 社内には、ウォーキング会議に興味を示す人もいれば、示さない人もいるはずだ。一部の否定的な意見のために、せっかくの良い試みを台無しにしてしまわないように。
- さまざまな時間の長さで試してみよう。クリス・バレス＝ブラウンは「ウォーク・イット・アウト」を7分30秒に設定している。これは歩くことで発散的思考を刺激して、散歩後に椅子に腰掛けて考えをまとめる収束的思考をするために十分な時間だ。

リチャージ
3
オフィスでヘッドフォンを活用しよう

■ヘッドフォンを「使える／使えない時間帯」をつくる

オフィスでのヘッドフォンの使用を巡っては、これまでも意見が分かれてきた。あなたの職場でも、この問題についての議論があったのではないだろうか。1人1台のコンピューターが当たり前ではなかった時代に仕事に対する哲学を培ってきた上の世代の人たちは、仕事に集中するためにヘッドフォンを着用するという考えを小馬鹿にし、それを認めようとする社内の勢力に対して不満を口にする。そして、古き良き時代を懐かしむ。

人事関連のインターネットフォーラムを見ると、職場でのヘッドフォンの使用の有害性について世代間で大きな意見の違いがあることがわかる。[1] 若い世代は概して好意的だが、年配の世代は懐疑的だ。子ども向けテレビチャンネル「ニコロデオン」の幹部だったアン・クリーマーは、ハーバード・ビジネス・レビュー誌に掲載された記事の中で、このテーマに関する保守派の意見を代弁するかのような断固反対の立場から、[2] もし若い頃に職場でのヘッドフォンの着用が認められていたら、良い知らせがオフィスを駆け巡るときに体験した「集団的な高揚感」を逃していたはずだと主張している。

その輝かしい経歴にケチをつけるつもりはない。でも僕は、クリーマーは少しばかり過去を美化しているのではないかとも思う。僕も彼女と同じくもう若くはないが、一昔前の職場に、スポーツ・スタジアムで観客がウェーブをつくり出すときのような高揚感があったという記憶はない。クリーマーが働いていたニコロデオンでは、同局の人気番組『ラグラッツ』の新エピソードが放映される度に、社員全員が立ち上がって拍手を送ったりしていたのだろうか。

そもそもクリーマーが言及した90年代当時、オフィスでは常に半分から3分の1の人が受話器を握りしめていた。たとえ通話中に、同僚が嬉しそうに飛び回っている光景が目に入っても（その人が『キーナン&ケル』の新エピソードに大受けしているだけだったとしても）、電話を切って一緒に喜ぼうとした人なんてまずいなかったはずだ。

現実的には、職場では上の世代が権力を握っている。だから上司は、ミレニアル世代やZ世代などの若い社員のすることが気に入らないと、すぐにそれを叩こうとする。ヘッドフォンもその恰好の標的になっている。古い世代の人間は、ヘッドフォンのない職場では、社員たちが細かい文字が書き込まれたホワイトボードを前に、来年の計画についてソクラテス式の白熱した議論をしていると思い込んでいる。**でも、これは誤解だ。実際には、ヘッドフォンの着用が認められている場合とそうでない場合とでは、オフィスの雰囲気に大差がないことがわかっている。**

もともと、社内でのヘッドフォンの使用は、オフィスにあふれている気の散る要因を防ぐための方法として考案されたものだ。アップルのシニアエンジニアがオープンスペースから逃げ出したいと思ったように（「リチャージ1」を参照）、ヘッドフォンを使う人たちも、騒がしい空間から自分をシャットアウトさせたいだけなのだ。実際、アメリカの広々としたオープンスペースのオフィスで、社内の騒音や不要な刺激を遮断することを目的にして、集中力を高めるためのホワイトノイズ（直接的に、あるいはヘッドフォン経由で）が流されているのは珍しくはない。

僕は、ヘッドフォンは禁止せず、むしろクリスマスを祝うように積極的に受け入れるべきだと考えている。でも、だからといって四六時中使えばいいとは思っていない。大切なのは、使うべき適切なときを判断すること。**勤務中のヘッドフォンの使用を認めるのなら、使用できる時間帯とできない時間帯を社内ルールとして定めるのが最善策だ。**

もし、会社に午前中の集中タイム（モンクモードのような）が導入されていなかったり、静かに作業できるスペースがなかったりするのなら、ヘッドフォンタイムに最適なのは朝だ。午前中に集中して仕事に取り組むのは、人間の概日リズム(サーカディアン)の面からも理にかなっている。

逆に、ヘッドフォンを使わない時間帯に適しているのは、ランチタイム前後だ。この時間は、ちょっとした報告や話しあいなど、社内コミュニケーションをするのに向いている。キャンベルスープカンパニー社の元CEOが以前、こう言った。「業務中に発生するこうした小さな中断は、私たちの仕事を邪魔するものではない。それは、仕事そのものなのだ[3]」。もちろん、防音対策がとられている静かなオフィスの片隅でこう言うのは簡単だ。でもこの10年間、オープンスペース化が進んだこともあって、現代のオフィスはますます働く人の集中力を妨げるもので溢れかえるようになっている。

アイデアはどんなときに生まれやすいか?

ここまでは、集中力を妨げられないようにすることの利点に注目してきた。でも、騒々しいオフィスにも良い点はある。**気を散らされたり、仕事を中断されたりするのは、認知能力が求められる作業や複雑な問題解決が求められる作業には悪影響を及ぼすが、創造的思考には効果的であることがわかっているのだ。**

だからこそ、ヘッドフォン使用に関する適切な社内ルールをつくることが大切になる。

近年、〝人間の脳には右脳と左脳がある〟という概念が広く普及した。行動経済学者のダニエル・カーネマンが提唱する「システム1」（早急で直感的な、理屈抜きの判断）と「システム2」（遅く熟考された、内省的思考）について耳にしたことがある人も多いだろう。たしかに科学者は、人間のさまざまな種類の行動をわかりやすく説明するのにこうした簡略化された用語を使うことがある。でも、この分野の第一線の研究者であるリサ・フェルドマン・バレットはこう指摘している。「カーネマンは細心の注意を払って〝これは比喩的な表現である〟と言っている。にもかかわらず、人々は彼の言葉を無視して、脳には本当にシステム1とシステム2を司る専門的な領域があると考えている」[4]。だが実際には、人々が望んでいるように簡単に脳のプロセスを理解することはできない。それは実に面倒で複雑なものなのだ。

〝人間の脳の神経細胞は、それぞれが極めて細かい役割を担っている〟という考えがある（〝女優のジェニファー・アニストンに反応する脳細胞〟が、多くの人の脳の同じ位置に存在していることを示唆する研究もある[5]。また、脳の神経細胞のさまざまな部位が人間の日常生活の判断にどのような影響を与えているかを探るための、神経経済学という新しい学問分野もある）。対照的に、前述したリサ・フェルドマン・バレットは、脳細胞にはたしかにある特定の概念（たとえば、あるコメディ女優）を認識するための役割を担っている場合はあるが、その位置は普遍的なものではなく、個人によって違うと主張している。

実際、人間の脳には、さまざまな機能を司るいくつものネットワークが折り重なるように存在している。たとえば、「収束的思考」（「リチャージ2」を参照）が求められる集中した作業をしたいときは、専門用語で「実行注意ネットワーク」と呼ばれるネットワークが活発になる。これは、気が散るものを頭の中から排除して、何かに集中して取り組むこと（たとえば、まとめてメールの返事をする）を可能にする脳のシステムだ。

逆に、想像力が求められる「発散的思考」（「リチャージ2」を参照）を働かせたいときは、「デフォルトネットワーク」と「顕著性（サリエンシー）ネットワーク」を活発にしなければならない。[6] 顕著性ネットワークは、身の回りにある刺激を観察して、それが自分の行動に与える影響を予測する働きをする。デフォルトネットワークは、僕たちが何かをしているときには働きを弱めるが、過去のことを思い出したり、誰かのことを考えたりしているときに活性化される。

つまり、何かはしているのだけど、頭の中でぼんやりと考え事や空想をしているときが該当する。「リチャージ2」でも述べたように、散歩には、この2つの脳内ネットワークを活性化させる効果がある（スタンフォード大学のマリリー・オペッゾらも、散歩が創造性を大きく高めることを明らかにしている）。人が創造的であるためには、何か1つのことに集中するのではなく、心を自由に動き回らせ、想像力を働かせられるようにする必要がある。[7] 逆に言えば、集中力を妨げられるような状況にいるときは、発散的思考がしやすくなる。

アイデアがどんなときに生まれやすいかについて、広告業界の大物ロリー・サザーランドはこう述べている。「アルキメデスが有名な〝アルキメデスの法則〟を思いついたのは、湯船に入ろうとした瞬間だ。風呂に浸かっているときではない。人がそれまでの状態を切り替えるような行動をとるとき、その境界線上で何かをひらめきやすくなる。電車を降りる瞬間などもそうだ。日常生活には、こんなふうにとてつもなく大きくてワクワクするような発見をもたらす、小さな瞬間がいくつもある。それは常識という名の拘束衣を、わずかな間だけ脱ぐことだ。その瞬間、斬新なひらめきや魔法のような発見が目の前に立ち現れる。[8]特に集中していない状態で何かをしているとき、ふとしたはずみに心は思いがけない場所に迷い込むことがある。創造性に関する研究でも、無関係な刺激に気を取られやすい人は、良いアイデアを生み出すことがわかっている[9]」

■創造性とは物事をつなげること

これをさらに裏づけるのが、コロンビア大学の3人の研究者（スティーブン・スミス、デビッド・ゲルケンス、アンジェロ・ジェンナ）による、注意力を移すことが、独創的な問題解決につながることを示した実験だ。

3つの被験者群に、問題を2問与える。1番目のグループには、まず1問目を解かせてから、2問目を解かせる。2番目のグループには、一定間隔で交互に問題を解かせる。3番目のグループには、自由に時間を切り替えながら2問を交互に解かせる。

最善の答えを導き出すのは、自由な時間配分が許された3番目のグループなのではないかと思った方も多いかもしれない。**だけど、実際に最も独創的な回答をしたのは、一定間隔で交互に問題を解いた2番目のグループだった。**

実験者らは、「創造性が求められる状況にあるとき、人は自分では気づかないうちに袋小路に陥ってしまいがちだ。いったん目の前の問題から離れるべきなのに、冴えないアイデアを抱えたまま堂々めぐりを繰り返す」[10]と述べ、2問を交互に考えたグループは、結果として別の視点を得て、斬新なアイデアを思いつきやすくなったと考察している。被験者にテーマを2つ（「冷たいもの」と「重たいもの」、「キャンプ道具」と「太りやすい食べ物」など）提示し、語を連想させた別の研究でも、2つのテーマから交互に連想を行ったグループのほうが、1つずつまとめて連想したグループよりも回答数が多く、かつ答えの内容の独創性も高かったことがわかっている[11]。

1939年、アメリカの広告代理店の幹部だったジェームス・ウェブ・ヤングは、創造性の秘密についての全世界共通の決定版の書と称される、『アイデアのつくり方』を執筆した。コーヒー1杯程度の値段で購入できるこの小冊子には、「アイデアとは、既存の要素を新しく組みあわせることである」という、いまではよく知られた言葉が記されている[12]。ヤングは、〝アイデアは2つの古い考えを組みあわせる機会を見つけたときに生まれる〟と考えた。「2番目の重要な原則は、古い要素を新しく組みあわせるには、物事の関係を見る能力が必要になるということだ」――ヤングがこう書いたのは、スティーブ・ジョブズが登場する50年以上も前のことだ。

その斬新な発想で現代のカリスマになったジョブズも、ヤングととてもよく似たことを言っている。「創造性とはつまり、物事をつなげることだ。クリエイティブな人は、どんなふうにそれをしたのかと尋ねられると気まずさを覚えることがある。何かをしたわけではなく、見方を変えただけだからだ。本人たちにとって、それは当然のことのようにも思える。それは彼らに、自分の経験をもとにして新しいものをつくり出せる能力があるからだ[13]」

ヤングが『アイデアのつくり方』で提案している有名なテクニックは、シンプルな3つの段階から成っている。

1. アイデアのもとになる材料を集める。できる限りバラエティに富んでいて、刺激的なものが良い。ヤングは、これは骨が折れる作業になることもあるので、退屈のあまり手を抜こうとしがちになるとも指摘している。「手間暇をかけて材料をコツコツと集めようとせず、ただ座っているだけでひらめきが降りてくるのを期待してしまう」

2. 材料を消化する。ヤングは、集めた材料を小さな索引カードに書き込む方法を好んだ。

「集めたさまざまな素材を手に取り、心の触手で感じ取るように吟味する。ある事実を手に取り、それを回し、違う光の中で見て、その意味を感じる2つの事実をまとめて、それをどんなふうに組みあわせることができるかを考えてみる」。すぐに、心は欲求不満を感じるようになる。「2つのパズルのピースを組みあわせるのに、疲れてしまう」

3．無意識の処理。「この第3段階では、基本的には努力すべきことは何もない。問題のことは忘れて、頭から追い出してしまおう」。新しいアイデアを生み出すには、睡眠の力が大切だとも書かれている。いったん頭を空っぽにしたら、次は「想像力と感情を刺激する、あらゆるものに目を向けること」。散歩に出かけてもいいし、音楽を聴いたり、映画を観たりするのもいい。

ヤングによれば、（手間暇がかかることの多い）準備作業を終えれば、「アイデアはどこからともなく現れる」。懸案の問題について特に考えていないときに、勝手にやってきてくれるのだ。「それはまったく予測もしていないときに湧いてくる。髭を剃っているとき、風呂に入っているとき、寝起きで頭がぼんやりとしているとき」

こうしたアイデアの創出に関する優れた考察にも、前述した科学的研究の結果にも、共通するものがある。**それは、創造的なアイデアは、2つ以上のアイデアがぶつかって生まれるとい**

うことだ。そしてこの衝突は、課題に直面していて、かつ気が散るような状況にいるときに起こりやすくなる。

ここで、ヘッドフォンを使うことの利点がさらに明確になる。ヘッドフォンを装着することで、集中して生産的な作業ができる。さらに、その後でヘッドフォンを取り外すと、急に気が散る要素が飛び込んでくる。このように環境が変わることで、漫然と仕事しているときよりも、はるかに創造的な状態に入りやすくなるのだ。

職場で実際にこれを試してみるためには、まずはチームでの議論が必要だ。この章で紹介した研究結果を同僚に紹介してみよう。ディープワークとは何か、アイデアはどのようなときに生まれやすいかを理解してもらおう。ヘッドフォン使用に関する社内ルールも考えよう。ヘッドフォンタイムの開始や終了を告げるために、一定の時刻になったら、たとえばBGMとしてラジオ番組の音声を社内に流すようにしてもいいだろう。昼食後の90分間を、積極的にコミュニケーションをとる時間帯にするというルールをつくってもいいだろう。

前述した科学実験が示しているように、職場で話しあいをして、各自で集中して作業をする時間帯と、コミュニケーションをとりながら仕事を進める時間帯を定めると、それぞれがその場の思いつきで仕事を進めるよりも生産性が高まりやすい。

職場に関する統計データの分析サービスを提供するヒューマナイズ社のCEO、ベン・ウェイバーによれば、現代のオフィスにはすでに、このように時間帯によって作業の内容を区別するスタイルの萌芽が見られるという。「昼休みと定時終了前以外の時間帯に、集中タイムを設けている企業が増えている」

オフィスでの会話が増える時間帯にも傾向が見られる。「正午から午後1時と、午後4時以降では、オープンスペースのオフィスではコミュニケーションは3倍以上に増える。だが近年のオフィスでは、他の時間帯では会話は大幅に減少している」[14]。別の調査では、オフィスでのコミュニケーションが最も盛んになるのは午後2時30分から午後4時だという[15]。このように、一般的に同僚とのおしゃべりやコミュニケーションに適している時間帯は午後だと言える。この知識を活かして、「フロー」状態に入りやすい集中タイムと、アイデアが生まれやすいコミュニケーションタイムを職場でうまく管理してみよう。

ヘッドフォンは、そのための秘密兵器になり得る。

まとめ

- オフィスでのヘッドフォン使用については、人によって好みが分かれることを忘れないようにしよう。ぜひ使いたいという人もいれば、毛嫌いする人もいる。だから職場に導入してみたいのなら、事前の話しあいが大切だ。自分たちのオフィスにとって、ヘッドフォンを使うのに最適な時間帯はいつかを議論しよう。

- ノートパソコンを使っているなら、ヘッドフォンエリアとコミュニケーションエリアをつくり、自由に移動できるようにしてもいいだろう。1日の中に、チームが1ケ所に集まって積極的にコミュニケーションをとりながら仕事をする〝アンカータイム〟を設定している職場もある。
- ヘッドフォンに抵抗があるなら、過去の時代の仕事の方法にとらわれているだけではないかと自問してみよう。新しいオフィスワークのあり方の可能性に目を向けてみよう。

リチャージ
4

〝せっかち病〟をなくそう

■なぜ、僕たちは〝せっかち病〟に陥っているのか？

エレベーターに乗るとき、〝行き先階のボタンを押す以外は何もしない〟ことを試してみてほしい。「閉じる」ボタンも押さない。携帯電話にも手を伸ばさない。ただ、ドアが閉じるのをじっと待つ。何もしないことに対して、落ち着かない気持ちになるかもしれない。現代人の生活の中には、そんな時間はめったにないからだ。エレベーターが目的の階に到着して、すぐにドアが開かないとき、僕たちはすぐに「開く」ボタンを押してしまう。まるでそのエレベーターに乗りあわせた人たちに、自分がいかに忙しいかを見せつけるかのようにして。プレイステーションでゲームをプレイしているみたいに、激しくボタンを連打する人もいる。

最近、ある人から興味深い話を聞いた。その人が子どもの頃、仕事から帰ってきた父親が、ただ椅子に座っていることが多かったというのだ。テレビも見ないし、ラジオも聞かない。本も読まないし、誰かと話をするわけでもない。ただ、椅子に座り、静かにじっとしていた。何を考えているの、と尋ねても、「別に」としか答えない。積極的に何かを思考しているのではなくて、ただ穏やかに心の中を見つめているだけだからだ。

現代では、こんなふうに何もしないことは、風変わりで非生産的な行為だと思われている。世の中には刺激が満ちあふれ、すべきこともたくさんあり、行動的であることがよしとされている。そんな時代では、何もしていないことは野蛮であり、時間の無駄だと見なされる。こうして僕たちはみんな、〝せっかち病〟にかかっているのだ。

それは、必ずしも悪いことではない。忙しく動き回っているからこそ、僕たちには多くのことを成し遂げられる可能性がある。「仕事を頼むのなら、忙しい人に頼め」というビジネスの世界の格言もある。僕たちは、行動こそが生産性を向上させると信じている。

エレベーターの話に戻ろう。国によって基準は違うが、実は「閉じる」ボタンは単なる飾りで、「扉が閉まります」という音声メッセージが再生されたりはするが、ドアが閉まるまでの時間はボタンを押さない場合と違いがないような仕様になっているケースは多い。多くの国で、車椅子や松葉杖の人がエレベーターの中に入るための十分な時間を確保するために、エレベーターの扉を一定時間開けておくことは法律で定められている。だから、「閉じる」ボタンを押したところですぐに扉が閉まるわけではない[1]。

ニューヨーク・タイムズ紙は2004年の記事で、街中の交通量の多い交差点の横断歩道の歩行者用ボタンも、ピーク時には青信号までの時間を短縮する仕組みにはなっていないことを報じている。歩行者はボタンを押したことで目の前の信号が早く青になったような感覚を得るが、これはプラセーボ効果にすぎない。細かく調整された交通システムは、通勤で急いでいる歩行者ではなく、大量の自動車をうまく捌くことを主眼にしてつくられている[2]。世の中にはこんなふうに、〝早く何かを終わらせなければならない〟という思いに駆り立てられているせっかちな僕たちの気を紛らわせるためにつくられた、ダミーのシステムがいくつもある。

なぜ、僕たちはせっかち病に陥っているのか。絶えず過剰な刺激にさらされている現代人は、〝すべきことを全部終わらせられない〟という絶え間ない不安につきまとわれている。インターネットが普及したことで仕事量も増えた。米カリフォルニア州の市場調査会社ラディカティ・グループによれば、現代人は1日当たり平均で約130件のメールを送受信している[3]。この数字は世界中のメールユーザー全28億人を対象にしたもので、先進国のオフィスワーカーは毎日200件近くのメッセージを送受信していると考えられている。

そして、会議だ。企業の大半は、社員が会議に費やしている時間の正確な記録をとっていない（たぶん、世間にそれを知られるのを恥ずかしいと思っているからだ）が、最近の調査によれば、イギリスの平均的な会社員は週に16時間を会議に費やしている。アメリカの管理職は週に23時間を会議室で過ごしているという調査結果もある。[4]

■急かされている気分になったら「本当に急ぐべきか」と自問する

問題はメールや会議だけではない。現代人が毎日処理している情報の量は、めまいがするほど膨大だ。情報化時代への対処方法を脳科学の視点から解き明かした『*The Organized Mind*』の著者ダニエル・J・レヴィティンはこう述べている。「2011年にアメリカ人が1日に処理している情報の量は1986年の5倍だ。そのデータ量は新聞175紙分に相当する。仕事以外の余暇の時間にも、毎日34ギガバイトまたは10万ワードの情報を処理している」[5]

その結果、人々は常に不安な気持ちにさせられている。僕たちの親の世代なら、手書きの「やることリスト」のいくつかが残っていたら、不安になったかもしれない。僕たちは受信トレイを空にしたときにちょっとした喜びを感じることはあるが、それすらもどこか他の場所でやり残したことがあるのを忘れているかもしれないという不安で打ち消されてしまう。

せっかち病は深刻な症状だ。常に仕事から離れられないと考えている人の不安レベルが高いという調査結果が出ているのもそのためだ。イギリスでは、従業員が会社を休む理由の半分が、仕事上のストレスから生じた病気によるものだ。仕事の多さやプレッシャーは、僕たちを病気にしているのだ。[6]

この切迫感に抗うために、何ができるか。まずは、〝いつも忙しくしているからといって、良い仕事ができるわけではない〟と自覚することから始めよう。ロンドンの有名な建築家グループの1人から、こんな愚痴を聞かされたことがある。「会議は、以前は週に1回だけだった。必要なことはその会議ですべて話しあい、あとは仕事に打ち込めばよかった。それが、いまは会議だらけだ。会議についての会議をしているといった有様だ」。その結果、業績は良くなったのだろうか。「会社が手がけている建物の数は、以前と変わらない。違いは会議が増えて、仕事がキツくなったことだけさ」

次に考えるべきは、その仕事の緊急度を見極めることだ。「ASAP」(as soon as possible=できるだけ早く)という仕事の世界でお馴染みの頭文字は、僕たちの職場に不要な不安を引き起こしている。ソフトウェア企業ベースキャンプ社の創業者は言う。「ASAPという言葉は膨張する。いつのまにか、ASAPというラベルを貼ることが、仕事を片づけるための唯一の手段になってしまう[7]」

急かされているような気分になったときは、本当にそれがASAPでしなければならないものなのかを自問してみよう。急ぐ必要があるものとそうでないものをうまく分別できるようになれば、自分の心を冷静に見つめられるようにもなるし、周りにも良い影響を与えられる。それは、良い労働環境をつくることへの貢献にもなる。

じっくりと自分と向きあう時間や、あえて何もしない時間も必要だ。心の平穏や静寂を感じる瞬間はストレスレベルを下げるし、創造性も高まる。「退屈」の研究で知られる英セントラルランカシャー大学のサンディ・マン博士は、「リチャージ3」で説明したデフォルトネットワークの力を利用すべきだと主張している。

「ぼんやりと考えごとをして、心をさまよわせていると、人の思考は意識を超えて、潜在意識に入り始める。それは、さまざまな結びつきを可能にし、極めて大きな価値をもたらす[8]」。つまりデフォルトモードに入ると、脳の中にある異なるアイデア同士が意外な形でつながり始める。エネルギーは、急いで何かをすることではなく、楽しい夢の状態を歩き回ることへと向けられる。ただしこの状態に入るには、退屈さとじっくりと向きあう必要がある。携帯電話で遊んだり、オーディオブックを聴いたりしてはいけない。心を刺激から解放しなければならないのだ。

逆に、せっかち病に陥るときは、悪循環に嵌まっていることが多い。「人はストレスを感じると、注意の対象を素早く切り替えるようになることがわかっている」。この分野の研究者であるグロリア・マーク博士は言う。当然ながら、落ち着きなく注意の対象を切り替えるほど、さらにストレスは高まる。こうした状態が続くと、長期的に甚大な悪影響も生じ得る。毎日夜になると、スマートフォンで次々に画面を切り替えながらSNSやネットサーフィンなどをして過ごしている10代の若者を長期的に調べた研究がある。その結果、2年後、自分の将来や社会問題の解決策を考える際、これらの子どもたちの想像力や創造性が低下していたことがわかった。(9)

次にエレベーターに乗る機会があったら、目的の階のボタンを押した後、そのまま何もせずじっとしていよう。この数秒の間に、素晴らしいアイデアが浮かぶかもしれない。仕事を終えて帰宅するとしばらくじっと椅子に座っていた父親は、何もしていないわけではなかった。それは自由に心をさまよわせるための時間だったのだ。

まとめ

- 自分（や他人）のスケジュール帳に空白があっても、それを無駄な時間とは見なさないようにしよう。最高のアイデアは、じっとして何もしていないときに、心が自由に動き回ることで浮かぶことが多いからだ。
- 音楽を消して車を運転してみる。ラジオをつけずに風呂に入ってみる。スポティファイを聴かずに運動してみる。情報を入れないことで、どんなアイデアが浮かんでくるかを確かめてみよう。
- 何もしない時間をつくってみること。どんな気持ちになるかを観察しよう。不安やストレスが減ったと感じるはずだ。

- 瞑想をしてみる。瞑想をすることで、不安が和らぎ、じっくりと自分に向きあう時間や空間が生まれたと感じる人は多い。

リチャージ

5

働く時間を減らそう

■なんで、僕たちの労働時間はこんなに長い？

イギリスの伝説的プロテニスプレイヤー、アンディ・マリーにまったく興味を示さない人なんてめったにいない。でも、この本の読者にとって、彼の言葉にはもっと注目するだけの価値がある。マリーが体験した挫折のエピソードは、僕たちが自分の仕事を別の視点から見つめ直すための素晴らしいヒントになるからだ。

その前にまず、近年、人々の労働時間が大幅に増えてしまった理由を考えてみよう。一昔前は、仕事を終えて会社を一歩出たら、あとは自由だった。でも、現代ではメールのせいで行き帰りの通勤電車や自宅のソファ、トイレまでもが仕事場になった。勤務中も絶えずさまざまなことに注意を向けなくてはならなくなったために（マイクロソフトの研究者リンダ・ストーンは、これを「継続的な注意力の断片化[1]」と呼んでいる）、仕事の負荷は増えている。思考を絶えず邪魔されながら、次々と届くメールや目の前の会議へと注意を向ける対象を切り替え続け、パソコンや携帯電話の画面に視線を落としつつ、頭の中では現在進行中の何かとは別のことに気をとられている。

現代人は、こうしたすべてについていけないとき、自分を責めようとする。現代の仕事のスタイルは、働く人たちにかつてないほど多くのことを求めるようになった。にもかかわらず僕たちは、その期待に応えられないのは自分のせいだと考えてしまう。電車の中でメールに返信するのは、単に真面目で勤勉だからというより、怠け者だと見なされたくないという強い不安からである場合が多い。加えて、〝成功の秘訣は、ごく短時間で多くを成し遂げられる、さまざまなライフハックだ〟と主張する専門家たちが次々と現れている。

ティモシー・フェリスのベストセラー『「週4時間」だけ働く。』に触発された書籍やポッドキャストも多い（映画『メリーに首ったけ』には、〝6分間で腹筋を鍛える〟がウリの大人気フィットネスビデオ「シックス・ミニット・アブ」を1分間に編集して売り出すという天才的かつ反抗的なアイデアの持ち主のヒッチハイカーが登場するが、僕もこれに倣って、この本を

『「週3時間」だけ働く。』にすればよかったのかもしれない）。こうした本やポッドキャストは、問題なのは仕事ではなく、あなた自身だ、というはっきりとしたメッセージを暗黙裏に伝えている。〝あなたが仕事の方法を変えなければ、時代に取り残されてしまうよ〟というわけだ。

前述した『*The Organized Mind*』の著者ダニエル・J・レヴィティンも、僕たちにできることには限界があると主張している。「人の脳は1日に決まった数の判断しかできないようにつくられている。限界に達すると、どれほど重要であっても、それ以上はまともな判断を下せなくなる」。これがあなたの仕事にとって何を意味するのかを、じっくりと考えてみてほしい。**そう、人間の認知能力はゼロサムゲームだ。上限を超えて働き続け、なおかつ質の良い仕事をしようとすることなど、無理な話なのだ。**

この主張を裏づけるのが、2008年にジャーナル・オブ・パーソナリティ・アンド・ソーシャル・サイコロジー誌に掲載されたキャスリーン・ボッシュュらの論文だ。被験者の学生に大量の日常的な選択（「授業でどんな動画が見たいか」など）や決断（「このパズルを解いてほしい［実際には、正解がなく解決できないもの］」など）をさせたところ、精神的疲労や「自我消耗」と呼ばれる現象が見られた。

その結果、学生たちはその後、テレビを見る、ビデオゲームをする、といった労力のかからない活動を選択するようになり、良い成績につながる好条件が提示されていたにもかかわらず、集中力が必要な活動（勉強や読書など）をしようとしなかった。[2]

ここで役立つのが、冒頭で紹介したプロテニスプレイヤー、アンディ・マリーの言葉だ。2013年のインタビューで、長い試合はなぜ難しいのかという質問に対し、マリーは大変なのは体力面ではなく（トップ選手は厳しい訓練によって、ヘラクレスのようなスタミナを備えている）、無数の決断を下さなければならないことから生じる精神面の疲労だと答えている。試合中のある時点から、意思決定の質が低下し始めるのだ、と。[3]

この事実は、世間の通説とは矛盾している。僕たちは長い間〝成功には長時間労働が不可欠〟だと信じ込まされてきた。そして、本当に成功したいなら、フォーチュン誌の「最も影響力のある女性50人」に史上最年少となる33歳で選ばれ、後に同誌の「40歳以下の40人」の1位にも選ばれたIT企業のエグゼクティブ、マリッサ・メイヤーのようにがむしゃらに働かなければならないと考えてきた。

20番目の従業員としてグーグルの創設期に関わった経験がある彼女は、成功の決め手になったのは何だったのかと尋ねられ、当時のグーグラーたちが〝週に130時間は働くという決意〟をしていたことだと断言している。[4]メイヤーはこの目標を達成するためにトイレ休憩を最小限に抑え、デスクの下で眠り、週に少なくとも1回は徹夜をした（めったにとれなかった休暇時を除いて）。

凄まじい話だ。ところが最悪なのは、この類いの猛烈な仕事の仕方が効果的であることを示す科学的証拠が、ほとんど見当たらないことだ。たしかに誰でも、宿題を終わらせたり、厳しい締め切りを守るために長い時間働いたりした経験があるはずだ。ただし、これらの集中的な活動には、相応の見返りが用意されていた。根を詰めて作業をした後は、心ゆくまで酒を飲んだり、たっぷり朝寝をしたりして、使い果たしたエネルギーを回復させることができた。

「働く時間を減らせば、生産性は上がる」という研究結果を、歴史も裏づけている。１８１０年、進歩的なイギリス人実業家ロバート・オウエンは、従来は一般的だった長時間労働を「１日10時間」に減らすことを提唱した。その数年後には、「８時間の労働、８時間のレクリエーション、８時間の睡眠」のスローガンを掲げ、これを実践すれば生産性が上がると主張した。

実際、その通りになった。１８９３年、英ソルフォード・アイロン・ワークス社は週の労働時間を53時間から48時間に削減して物議を醸したが、その結果、生産量は増加した。20世紀に入ると、フォード・モーター・カンパニー社が1日の労働時間を8時間に減らし、さらに賃金は倍増となる1日最低5ドルにアップした（周囲からは暴挙だと見なされていた）結果、翌年の利益は倍増した[5]。１９１４年1月に発表されたフォードの年次報告書は、現代の企業のそれとは異なり、啓発的な文章のような趣がある。

「我々は、社会的正義は家庭から始まると考えている。（中略）我々は資本と労働の間の利益分配が等しくないと考え、事業に適した救済策を模索してきた」。だが、この文章はあくまでも建前であり、その裏には同社の本音が隠されていた。組合嫌いのフォードは、労働者の待遇を改善しようとする啓発的な先駆者とはほど遠い存在だった。同社が従業員の労働時間を減らしたのは、経済を優先させたからだった。同社は従業員の仕事のパターンを変えれば、会社の利益が増えるという正しい予測を立てていた（1日は24時間なので、8時間シフトに移行すれば、3交代制で工場を休みなく稼働させられる。それまでは9時間労働、2交代制で、工場の生産ラインを止めなければならない時間帯があった）。

■週40時間以上働くと生産性が落ちる

人間にとって、最適な1週間の労働時間はどれくらいなのだろう。この問題を考えるときに参考になるのが、スタンフォード大学のジョン・ペンカベルが2014年に実施した長時間労働に関する大規模な研究だ[6]。対象になったデータは第1次世界大戦時代のイギリスの軍需工場の作業記録。その理由は、極めて細かい労働記録が残っていたこともあるが、戦争の時期に重要な役割を担っていた軍需工場では、労働者の生産性を高める方法が必死になって考えられたからでもあった。当然ながら当時は誰もが、戦争に勝ちたいという強い思いに突き動かされていた。

調査の結果は明確だった。この工場の理想的な週間労働時間は、50時間。「生産性は労働時間が50時間までは安定しているが、それを超えると低下していた[7]」。55時間から56時間後には労働者の疲労が顕著になり、生産性は目に見えて低下した。週に70時間勤務した労働者（1日10時間、週7日）の生産量は、55時間勤務の労働者と同じだった。

週末の休みも良い影響を及ぼしていた。総生産量は、1日も休まず週56時間働いた場合よりも、日曜日に休んで週48時間しか働かなかった場合のほうが多かった。日曜日に1日休んでも、十分にその分は取り戻せるということだ。

第1次世界大戦の工場の例が遠く感じられるのなら、最近の例も見てみよう。経営コンサルタント企業のマッキンゼーの幹部だったスコット・マクスウェル（後にベンチャーキャピタルに移って成功を収めた）は、新入社員時代のメンターだったジョン・カッツェンバックから、会社の仕事の進め方の誤りについてアドバイスを受けたことを回想している。

当時のマッキンゼーには、週7日間、1日も休まず機械のように働くことをよしとする雰囲気があった。1日でも休めば、同僚から怠慢な奴だと軽蔑された。だが、カッツェンバックはマクスウェルに、宗教的な信念のために6日間しか働いていないと語った（同僚には休んでいる理由は話していなかった）。それでも、7日間休みなく働く同僚よりも多くの仕事を成し遂げていた[8]。カッツェンバックは、マッキンゼーに長時間労働を美徳とする社風があるのは、生産性のためというよりも、見せかけのためだと考えていた。デスクの下で眠ったり、いつも1

時間もおしっこを我慢しているようなしかめっ面をしたりしているのは、頑張っていることを周りに示すためのショーのようなものだ、と。カッツェンバックは、自分にとっては週に4日間働くのがちょうどいいとさえ言った。

マクスウェルは後にベンチャーキャピタルファンドを創設したときも、社員の労働時間と生産性のトレードオフを観察し、それを記録し続けた。それを分析した結果、はっきりとした傾向があることが明らかになった。「週の労働時間が40時間を超えると生産性は落ちていた。ピークは、40時間の少し手前だった」。そこでマクスウェルは〝残業も休日出勤も禁止〟という新しい方針を打ち出した[9]。社員には生産性を高めるために労働時間を減らすことを推奨し[10]、定時までに全員を退社させることを誇らしく思った。

■働きすぎの国は生産性や豊かさが低い

オフィス向けコミュニケーションツールを開発するスラック社のCEOスチュワート・バターフィールドも、同様のアプローチを採用している。スラックでは、集中して仕事に取り組むことの価値が重視されている。「ワークハード、ゴーホーム」(一生懸命に働いて、さっさと帰宅しよう)という価値観を体現するかのように、オフィスには卓球台やテーブルフットボール台は置かれていない。趣味や副業(カイトボーディングからベンチャー企業の運営まで)はすべて、会社にいるときではなく、プライベートの時間に回すことが奨励されている。**これまで見てきたように、軍需工場での手作業であれ、経営コンサルタントのデスクワークであれ、生産性を最大に高めたければ、答えははっきりしている。そう、長時間働かないことだ。**

このことは、企業だけではなく国にも当てはまる。平均労働時間が長い国では、生産性や豊かさが高くはない。２０１３年のエコノミスト誌の分析によれば、労働時間が少ない国ほど生産性が高くなる。[11] また、１人当たりの資本投資が多い国ほど、労働者の生産性は上がる。これらの国々（ドイツなど）は、高い生産性を活かして労働時間を少なく抑えられるので、労働者は燃え尽き症候群になりにくい。

答えは何か。〝仕事についての考え方を変えるべき〟というのが僕の意見だ。仕事の定義を、もっと明確に意識してみるのだ。たとえば、〝仕事とは、40時間の投資に対する成果である〟と見なしたのなら、それを実行するためによく考えなければならない。3時間の会議は、本当にそれだけの時間をかける必要があるのだろうか。通勤時間はどんなふうに使えばいいのだろうか。1日の中で、気力と体力が充実していて最高の状態で仕事ができる時間帯を、どうすれば最大に活用できるか。

1週間に41時間働くのだとしたら、その時間をブロックと見なし、1週間の中にうまく振り分けていくことを考えてみよう。たとえば、しばらく頭の片隅にひっかかっていた仕事をまとめて片づけるために、土曜日の朝に2時間ほど仕事をしなければならないことはあるかもしれない。でもそんなときは、代わりに水曜日に早めに退社して、映画を観る。

トニー・シュウォーツが勧めている手法を検討してみるのもいい。成功した作家であるシュウォーツ（ゴーストライターとしてベストセラーを執筆したこともある）は、自らの過労の体験をもとに、職場に革命を起こす新しい働き方を提案している。それは、長時間ダラダラと働くのではなく、集中して一気に仕事を進めるための短い時間を労働時間の単位と見なすべきだというものだ。**一般的に、人は90分サイクルで時間を区切って仕事をしたときに、最高のパフォーマンスを出しやすいことがわかっている。**[12] この短時間のサイクルをうまく活用することは、仕事の成果を最大限に高めるための効果的な方法だ。

スウェーデンで実施された「公務員の労働時間を6時間に短縮する（給料はカットしない）」という、有名な大規模の社会実験がある（対照群として8時間労働のままに据え置かれた労働者が、〝実験のために〟毎日2時間も早く帰宅する同僚を横目に見ながら感じていたやるせない気持ちの大きさは想像に難くない）。実験の結果、幸運にも勤務時間を6時間に減らされた実験群の労働者には、欠勤の減少、健康状態の改善、生産性の向上が見られた。ある被験者は、ニューヨーク・タイムズ紙に、これが「人生を変える経験」になったと語っている。別の被験者は、仕事時間が減ったことがもたらした変化を、「端的に言えば、効率的に仕事をするようになった」[13] とまとめている。

たいていの人にとって、6時間労働を実現するのは簡単なことではないはずだ。でも少なくとも、僕たちは週に40時間（またはそれ以下）、集中して働くことを目標とすべきだ。それ以上は働かない。そう心に誓おう。

まとめ

- 「長時間労働は良いことだ」という考えは、きっぱりと捨てよう。集中して一気に仕事をすれば、長時間、ダラダラと働くのと同じくらいのことを達成できるので、余った時間でリラックスしたり、じっくり物事を考えたり、創造的な活動ができる。
- どうしても翌日に回せない仕事がない限り、定時で仕事を終えよう。同僚にも、定時退社を勧めよう。
- 仕事を1時間単位に分割して管理しよう。新しい仕事が増えたら、その代わりに既存の仕事にかける時間を減らすことを考えよう。
- 長い時間働き続けていると、体力が奪われ、創造性や想像力も低下する。最悪の場合、過労や燃え尽き症候群につながる。この事実を常に忘れないようにしよう。

リチャージ
6

同僚に「ちゃんと仕事しろよ」と思うのはもうやめよう

■いつの間にか僕たちは「会社のルール」に染まってしまった

僕たちの社会との関わり方は、人生の節目と共に次のように変わっていく。まず、ある年齢に達したら小学校に通い始める。そこは細かなルールがたくさんある世界だ。時間通りに学校に行かなければいけないし、授業には出席しなければならない。帰宅してからも宿題を終わらせなければならない。高校を卒業し、大学への進学を選択した場合、その数年間は、それまでのルールが適用されない別世界で過ごすことになる。

必要な単位さえとれれば、あとは午前11時に学校に行ってもいいし、課題の提出が2日間遅れていても心配したりはしない。社会に出て働き始めると、また小学校のようなルールにきちんと従わなければならない世界に戻る。朝は出社時間までに会社に着いていなければならないし、メールには返事をしなければならない。時間通りに会議にも出席しなければならない。

問題は、大学時代に〝大切なのは結果を出すことであり、そのための手段は各自が自由に判断すればいい〟という価値観があることを知ったはずの僕たちが、社会に出るといともあっさりと〝会社の世界のルール〟に染まってしまうことだ。

仕事中、オフィスのフロアに人がまばらにしかいないことに気づいて、〝みんな、どこにいるんだ。ちゃんと仕事しろよ〟と思ったことはないだろうか。

その人たちは、為すべき仕事をこなして、休憩したり早めに帰宅したりしているのかもしれない。それなのに、僕たちは小学校時代のルールを会社にも当てはめようとする。〝働いていることを周りに示すには、デスクに張りついていなければならない〟と考えるのだ。

作家のダン・キーランの言葉も、そのことをよく表現している。クラウドファンディングのパブリッシングプラットフォーム「Unbound」の創設者でもあるキーランは、大胆なアイデアとリスクを冒す挑戦心に溢れた、創造的で素晴らしい社風の企業をつくり出した。それでも、自身の根深い偏見をなかなか捨てきれないと僕に告白した。「自分でも嫌になるんだけど、心の中に、18世紀の製粉所の経営者がいるんだ」。オフィスが静かで人がいないように見えるとき、首をもたげ「みんなどこにいったんだ」と言ってしまうのだという。それでもキーランはこう語る。「従業員が働きたいと思える会社を経営するには、経営者は心の中の〝製粉所の経営者〟を抑えて、成果に目を向けなければならない」

製粉所の経営者は、従業員が定時に出社し、勤務時間中は休みなく働くことを求める。昨夜のテレビ番組の話をしたりしないで、デスクに向かって仕事をしてほしいと考える。キーランの言っていることはまったく正しい。僕たちの心の中には、製粉所の経営者がいる。

そこで注目すべきなのが、「完全結果志向の職場環境」(ROWE=Results-Only Work Environment)だ。ROWEはカリ・レスラーとジョディ・トンプソンによって開発され、すぐにギャップやベスト・バイなどの大手企業に採用された経営戦略で、チームに明確な短期目標を定めたら、あとはメンバーの好きな方法で仕事をさせるというものだ。**ROWEでは、従業員は特定の勤務時間を守る必要はない。それどころか、会社に出社する必要すらない。**

ミーティングは、メンバーが必要と思ったときだけ開かれる。従来の企業の経営戦略を小学校の教育スタイルにたとえるなら、ROWEは大学の教育スタイルのそれに近い。すなわち、重要なのは目標を達成することであり、その方法については誰も気にしないということだ。これは、出社しているかどうかでその人が仕事をしているかどうかを測ろうとする、「プレゼンティズム」の否定を意味する。

ROWEの考案者は、企業が結果重視の合理的な労働環境をつくり出すためには、職場に溜まった〝ヘドロ〟のようなものを一掃する必要があると述べている。それは「仕事を労働時間で測ろうとする古い考え方」であり、僕たちの心の中にいる製粉所の経営者の、有害な意見ということだ。

■あなたの中の「常識人」が生産性を下げる

もちろん、このようなアプローチが適していない職場もある。複数人でする仕事や、常に現場に留まらなければならない仕事（たとえば製造現場）などがそうだ。でも、基本的に1人でき、仕事の一部を完全に自分でコントロールできるのなら、これは自律性を最大限に高めるための理想的な方法になる。

ある新聞社の元国際特派員から、こんな話を聞いたことがある。彼女はヨーロッパのとある国の首都で、たった1人で特派員をしていたとき、街を歩き回り、その土地のあらゆることに関心を向け、カフェにふらりと立ち寄り、人々と話し、影響力のある人に取材し、そうしてその都市で何が起きているかを理解したうえで記事を書き、週に数回、本社に原稿を送っていた。

とても充実していて、いい仕事ができたそうだ。でもその後でイギリスの本社に戻ると、オフィスであてがわれたのはトイレの隣にある角の席だった。午前9時までに出社しないと、上司に「業績を上げるためにどんなことをするつもりなのか」と小言を言われる。彼女の働き方のスタイルは大学式から小学校式に戻った。その結果、仕事の満足度も、質も下がった。

とはいえ、ROWEをいち早く採用したベスト・バイが2013年にこのシステムを廃止したのは、チームのパフォーマンスを最大限に引き出せていないと感じたからであることを忘れてはいけない。ベスト・バイのCEOはインタビューで「このシステムでは、リーダーは常に部下に仕事を任せることが正しいとされた」と語り[1]、個人に与える裁量が大きくなるほど、チームの連携が弱くなっていったことを仄めかしている。

つまり、大切なのはバランスだ。ROWEはうまくいくかもしれないし、いかないかもしれない。部分的に取り入れることが効果的な場合もあるだろう。それでも、「18世紀の製粉所の経営者」のマインドに対抗するものとして見る限り、ROWEには強力な効果が期待できる。出社時刻になっても会社に来ない人がいるのに気づいて苛立ったり、水曜日の午後4時に子どもの迎えのために早退しようとしたりしている同僚を見て心の中で舌打ちするのが当たり前になっていたら、要注意だ。

製粉所の経営者は僕たちの士気を損ねたり、ベストを尽くすのを邪魔したりするだけではない。間違った方法で生産性を上げようとすることが大きな問題なのだ。僕は作家のダニエル・ピンクから、元ニュージャージー州知事のクリス・クリスティの話を聞いたことがある。クリスティは迷惑な常識を押しつけて、物事を台無しにしてしまう典型的な政治家だ。

２０１６年、超党派の議員によって、州の11歳未満の児童に毎日20分間の休憩を義務づけるという法案が提出された。これは十分な研究結果に基づくものだった。休憩をとることで、子どもたちの注意力（と学習能力）が高まることはわかっていた。にもかかわらず、クリスティが工場の現場監督のようにやってきて、「そんなのは馬鹿げている」とこの法案を握りつぶしてしまった[2]。

現在の世の中には、それまでの常識や慣習を覆す新たなアイデアや研究結果はいくらでもある。それなのに僕たちは、ときとしてクリス・クリスティのように振る舞ってしまう。古い価値観にしばられた常識を口にして、新しい何かに反発しようとする。

僕たちがよりよく働くためには、〝製粉所の経営者〟を説得しなければならない。そしてその経営者は、僕たちの心の中にもいる[3]。

まとめ

- デスクの前に座っていることではなく、仕事の成果を上げることに意識を向けよう。
- 自分やチームの仕事の成果が不十分だと感じたら、仕事量を増やすのではなく、どうすれば問題を改善できるのか考え、検討しよう。

- 遅刻した人や、早退する人を責めるようなジョークは禁止しよう。それを社内のルールにするだけで、プレッシャーはずいぶんと軽くなる。
- 「同僚にプレッシャーを与えないような言葉のかけ方」について、意地悪なことを言われて傷ついた体験も含め、全員で話しあうミーティングを開いてみよう。

リチャージ
7
通知をオフにしよう

■コルチゾールには要注意だ！

コルチゾールは悪者扱いされることがある。たしかに、このホルモンは心身のストレスと関係がある。だけどその主な働きは、身体に多くの燃料を供給することだ。それは車のアクセルペダルを踏むのと似ている。[1] 少量なら注意力や集中力が高まる。だけど目一杯踏み込むのは危険だ。たとえばドイツのクレメンス・キルシュバウムらの研究によれば、コルチゾールの脳への流入量が増えると記憶力が低下する。[2] その理由はまだ完全には解明されていないが、ストレスホルモンが海馬に与える影響と関係があると考えられている。

人間の脳内では、海馬と扁桃体が連携してストレスの強い経験を記憶する。このとき、その体験の細かな状況やイメージは記憶せず、至極単純な形として記憶されることがわかっている。たとえば脳は、ヘビを見て恐怖を感じたことは記憶すべきだが、その瞬間の不安を思い出したくはないと判断するのだ。だから、日頃からストレスを多く感じていると、脳のこの働きによって記憶が妨げられてしまうのだ。

もちろん、短期間の強いプレッシャーが偉業につながることもある。心理学者のテレサ・アマビールは、アポロ13号の爆発事故の例を挙げている。事故の直後、フロリダの管制センターのチームは、宇宙飛行士が宇宙船内にある限られた材料だけで破損した濾過装置を修復する方法はないかと、不眠不休で知恵を絞った。[3] そして、作業マニュアルの表紙を材料に使うなどの独創的な解決策を捻り出して宇宙飛行士の命を救った。とはいえ、アマビールによればこのエピソードは例外的なケースだ。アマビールは宇宙飛行士のような特殊な状況には置かれていない大量の会社員の日記を分析し、創造性とストレスは敵同士であるという結論を導き、それを「創造性は、銃口にさらされると死んでしまう」と表現している。

その証拠は至る所で見られる。たとえば、サッカーのホームチームのパフォーマンスもそうだ。試合ではホームのチームのほうが有利に戦えるという「ホームアドバンテージ」は、なぜ存在しているのか？　もし、勝敗を分ける唯一の要因が選手の能力であるならば、ホームチームとアウェイチームの戦績は同じになるはずだ。でも、そうではない。ホームチームの勝率は6割にもなる。[4] 大勢のサポーターの応援がホームチームの選手のストレスを減らし、うまく、創造的にプレイする能力を高めるからだ（これはあらゆるスポーツに当てはまる。アイスホッケーを対象とした研究でも、ホームのサポーターの観客の割合が高くなるとホームチームが有利になることがわかっている[5]）。

同じ原理で、ファンから野次を飛ばされると、チームのパフォーマンスは落ちてしまう。イングランド、プレミアリーグのニューカッスルがホームで0対3とリバプールに敗れ、ホームスタジアムのセント・ジェームズ・パークの観衆から大きなブーイングを受けた直後、フーリガンのような荒っぽさで知られていたニューカッスルの選手ジョーイ・バートン（後に思慮深い解説者に転じ、さらには指導者になった）は、地元のファンから浴びた罵声が敗北の原因だと断言した。バートンは、どんな選手よりも歯に衣を着せない発言をした。「僕はまだ、有名なニューカッスルのファンから期待していたような声援を受けていない。それどころか、僕たちに対する野次は悪意に満ちている。こんなに凶暴なファンは見たこともない。ファンは目前の勝利を欲しがっている。でも、まずはそのメンタリティを変えて、チームの状態が悪いときにもサポートをしようとしてくれなければ、状況は変わらない[6]」

これはイングランド代表チームが長いあいだ成績不振に苦しんでいる謎を説明するのに大いに役立つ解釈だ（クラブレベルでは才能を発揮している選手がいるにもかかわらず）。イングランドのガレス・サウスゲート監督は、マンチェスター・シティのスター選手、ラヒーム・スターリングの成功の理由は技術面ではなく精神面にあると分析している。「スターリングには自信がある。ゴール前でのポジショニングが良く、落ち着いている。必ずしもテクニックが優れているからではない。どんなフィニッシュをするか、冷静にイメージを浮かべているんだ。ただ思い切りボールを蹴るのではなく、狙ったところにパスをするようにシュートをしている」

だがそのスターリングでさえも、イングランドのファンからの激しい批判にさらされて心を痛めた。２０１６年のＳＮＳへの投稿で、自分のことを「嫌われ者」と呼んだ。「イングランドのファンは、ネガティブになりすぎだよ。僕は前向きな声が聞きたい。選手たちがみんなに応援されていると感じられるような、ポジティブな言葉を耳にしたい。イングランドチームの成功を望むなら、明るい光を当ててほしい。国民に支えられているという安心感を抱いて、選手たちが良い気分でワールドカップを戦えるようにしてほしいんだ[7]」

アマビールの研究結果も、このスターリングの意見の正しさを裏づけている。そう、創造性は、銃口にさらされると死んでしまうのだ。２０１８年のワールドカップでは、国民のイングランドチームへの期待が薄くなったことで、選手たちは大きなストレスから解放された。それがどんな効果をもたらしたかは、チームの成績が物語っている。

■「セカンドアルバムは難しい」症候群

芸術にも同じことが言える。前述したように、ロックバンド、ザ・ストロークスのジュリアン・カサブランカスは、セカンドアルバムの制作でスランプに苦しんだ（8ページを参照）。この「セカンドアルバムは難しい」症候群は、アメリカでは「2年生のスランプ」と呼ばれることもある。近年ではサム・スミスやダフィー、MGMTのセカンドアルバムも、批評家から創造性が弱いと批判された。テレビの世界でも、コメディアンのハリー・ヒルも、いつでも独創的でいなければならないというプレッシャーが高まるにつれて、もがき苦しむようになった。

傍目から見れば、ヒルは夢のような仕事をしていた。毎週600万人が視聴するイギリス最大のコメディ番組で、自ら脚本を書き、主演していたのだから。でも、前週のイギリスのテレビ番組を容赦なくこき下ろすという内容の人気番組『ハリー・ヒルのTVバープ』は、放映の数時間前には大量のギャグを書き上げていなければならず、それがヒルにとっては苦痛になり始めた。番組を10年以上も続けて視聴者を増やしていきながら、ヒルは精神的に参ってしまった。ある新聞記事は、ヒルと5人の脚本執筆スタッフが「疲れ果てていた」と表現している。

この番組に年間26回出演することで300万ポンドの報酬を得ているという噂もあったヒルは、人々の期待に押しつぶされていた。ヒルはデイリー・テレグラフ紙に、「TVバープに人生を吸い取られた」と語っている。[8]「僕は極度の倦怠感とストレスを感じていた。その結果、恐ろしい事態に陥った」。デイリー・ミラー紙のインタビューにはこうコメントしている。「妻は、あの番組に出演している半年の間、僕がロボットみたいに見えると言った。身体はそこにあるけど、心はずっと上の空だ、って。最後には、とうとう完全に頭がどうかしてしまった。番組内で何度もネタにした『エマーデール』の主題歌を聞くだけで、胸が詰まるようになった。冗談じゃなく、自殺したいと思った。本当に奇妙な体験だった[9]」

■ストレスが創造性を阻害する

ストレスは僕たちを疲弊させるだけではなく、創造性を衰弱させる。自分自身を客観的に評価することも難しくなる。「人は時間的なプレッシャーがかかると多くの仕事をこなすようになる。そして、自分の創造性が高まったとも感じるようになる。でも、残念ながらそうではない」とアマビールは言う。[10]「プレッシャーのかかる状況に置かれたオフィスワーカーは自分の創造性が高まっていると感じていたが、その日記を分析したところ、明らかに創造的な思考が減っていたことがわかった[11]」

ワシントン州立大学の科学者で、その生涯をラットの脳の働きを理解し、この愛すべき齧歯類に豊かな思考パターンがあることを証明するための研究に捧げたヤーク・パンクセップの業績によって、人間の創造性に対するストレスの長期的な影響についての理解が進んだ。パンクセップは、ラットにはヒトを含む他の哺乳類にも見られる「感情」があることを明らかにし（たとえば、ラットはくすぐると笑う）、哺乳類の脳には「探索」、「怒り」、「恐怖」、「欲望」、「慈しみ」、「パニック／寂しさ」、「遊び」の7つの感情回路があるとした。[12]

またこれらの感情が、以前考えられていた大脳皮質（複雑な思考を司る脳の領域）からではなく、扁桃体と視床下部から生じているとも主張した。つまり、これらの感情を意識的にコントロールするのが難しいのは、それが本能的な行動に組み込まれているからなのだ。ラットにとって「探索」のスリルは、何かを達成することの満足感よりも強い。たとえば、お腹が満たされると餌を食べるのをやめるが、周囲の探検に飽きることはない。パンクセップは、ラットの脳は期待を生み出し、報酬を求める「探索システム」だという。[13] これは「脳は新奇なものを探そうとする機械である」というイギリスの神経科学者ソフィー・スコットの意見とも一致する。[14] パンクセップは新しい場所を探検し、新しいことを試したいという生まれながらの欲求を示すラットを観察し、その脳を「探索と遊びのシステム」と呼んだが、これを人間に当てはめれば、「創造性」と呼べるかもしれない。

だがそれは、恐怖によって消え去ってしまう。パンクセップがケージ内に猫の毛を置くと、ラットは現実の猫に会ったことがなかったにもかかわらず、即座に恐怖を感じた。それは原始的な反応だった（これは生後18日のラットでも観察されている）。ラットは恐怖を感じると創造的な遊びや探索を完全に止めた[15]。猫の毛を取り除いてから3～5日後になっても、創造的な行動は見られなかった（ケージは綺麗に掃除していたが、ストレスがもたらしたトラウマ的な体験はラットの身体に刻み込まれていたのだ）。アマビールはこれを人間に当てはめ、「プレッシャーの二日酔い」と表現している。過去の不安の記憶だけで、ラットはプレッシャーの二日酔いを経験していた。

■作業記憶は一度に1つのことしかうまく処理できない

そしてこれが、この章のテーマであるスマートフォンの話につながる。英ラフバラー大学のトム・ジャクソンによると、現代人は8時間の仕事時間の中で平均96回もメールで仕事を中断されている。このようなメールは、ストレスを誘発するコルチゾールを分泌させるきっかけになる[16]。研究によって、勤務時間外に仕事のメールをチェックする人のほぼ半数が高いストレスレベルの兆候を示している[17]。

そして、ストレスは創造性を阻害する。「メールを受け取るたびに別のタスクが追加され、疲労が溜まっていく。1日が終わる頃には、従業員の創造性と生産性は枯渇してしまう」とジャクソンはガーディアン紙に語っている[18]。

もちろん、今日の職場でストレスの原因はスマートフォンだけではないし、それを完全に使わないようにすることもほぼ不可能だ。でも、その影響を少しだけ減らすことはできる。たとえば、携帯電話の通知機能をオフにすることはとても効果的だ。**未読のメール件数を表示するメーラーのアイコンをスマートフォンのホーム画面から外すだけで幸せになれると言えば、馬鹿げていると思うかもしれない。でもこれは誰にでもできる最高の（かつ簡単な）方法だ。**[19]

未読のメール件数が目に入ると、僕たちはそのメールに何が書かれているのかがとても気になってしまう。それは単なる刺激物ではない。メールの通知機能は、注意欠陥多動性障害（ADHD）の症状を生じさせるとまで言う研究者もいる。[20] また、新着の通知に注意を移すと、目の前のタスクへの集中力が大きく低下することもわかっている。これは、前述した「切り替え」コストの一例だ（「リチャージ1」を参照）。ある専門家は次のように述べている。「目の前のタスクを行うために必要な作業記憶は、通知によって注意力が逸らされるとすぐに消えてしまう」[21]

僕たちが考えている（信じている）のとは反対に、作業記憶は一度に1つのことしかうまく処理できない。科学は、一度に複数のことをする「マルチタスク」が、実は生産性を落とすことを明らかにしている。これは、マルチタスクに自信がある人ほど当てはまる。運転中に会話をさせるという実験では、この2つに自信がある人ほどパフォーマンスは悪かった（自己評価と実際のパフォーマンスとの間に最も大きな乖離があった）。[22]

多くを成し遂げたいのなら、一度に1つのことに集中すべきだ。前述したように、物事を中断することには創造的な思考を刺激する効果がある。だけど集中力は、思考をより深いレベルへと導き、アイデアをより完全な形へと導く超能力のようなパワーを秘めている。

■「通知をオフにする習慣」の効き目は抜群！

しばらく前、「1週間、携帯電話の通知機能をオフにすると幸福度にどう影響するか」という研究が、通信会社のテレフォニカとカーネギーメロン大学によって行われた。[23]「邪魔をしないで（Do Not Disturb）」と題されたこの実験は、すぐに壁にぶつかった。テレフォニカのマーティン・ピエロはこう説明している。「参加者を集められなかった。実験の内容を説明すると、恐怖に満ちたまなざしを返されるだけだった。結局1週間の設定を変更して、24時間に短縮した[24]」

面白いことに、24時間のチャレンジはとても効率的なことがわかった。一般的に、習慣を身につけるには60日かかると言われている。でもこのプロジェクトでは、たった1日で習慣を変えることに挑んだ被験者の半数が、2年後になっても、ストレスのもとになる古い習慣（通知機能をオンにすること）に戻っていなかった。[25]また多くの元被験者が、生産性が高まったと報告した。「デスクトップコンピューターに向かっているときは、特に集中しやすくなった」と
そのうちの1人は述べている。

通知機能をオフにするといった職場での小さな変化を、「小さな境界線」（マイクロバウンダリー）と呼んでいるのはユニバーシティ・カレッジ・ロンドンでヒューマン・コンピューター・インタラクションを研究するアナ・コックスだ[26]。この「小さな境界線」を活用すると、テクノロジーに使われているのではなく、使っているという感覚を取り戻しやすい。「私たちは、それがただ目の前にあるという理由で無自覚にSNSをチェックしている。このチェックを少しだけ難しくする工夫をするだけで、悪い習慣を避けやすくなる[27]」とコックスはニュー・サイエンティスト誌に語っている。休暇中はメールのアプリを削除する、食事中は携帯電話の設定を「おやすみモード」に変えておくといったことも、「小さな境界線」の例だ。

　パソコンや携帯のメールの通知機能をオフにしてみよう。未読メッセージの数は、アプリケーションを開いたときにのみ表示されるよう設定する。これを実践すると、時間が増えたような感覚が得られる。「会社に着くまでメールのことをまったく考えないようになった」。「メールチェックに気を取られることなく、書類仕事に没頭できた」とみんな驚きながらそう言う。周囲には、「メールは頻繁にチェックしていないので、急ぎの用件の場合は電話をかけてほしい」と伝えておこう。

　職場でメールの通知機能をオフにすれば、活力が増し創造的になれる。逆に言えば、メールを絶えずチェックし、受信した直後に返信するのは、その場では達成感を覚えるかもしれないが、それがストレスになると生産性を落としてしまう。

ストレスを減らすための変化を取り入れることで、創造性は高まる。最後に、再びサッカー選手のラヒーム・スターリングが、プレッシャーの少ない状況で感じる心境について語った言葉を見てみよう。「僕たちにできることはわかっている。自分たちにできることを信じている。ファンからのサポートがあれば、そんな気持ちになれる。だから僕を信じてほしい」

まとめ

- 心身を回復させるための休息をとり、ストレスを減らそう。ファンに野次を飛ばされるサッカー選手や、セカンドアルバムの壁に悩むミュージシャン、猫の毛のにおいに怯えるネズミのように、ストレスを感じていると、創造性は落ちてしまう。
- 電話の通知機能をオフにしよう。どんな変化が起きたかを把握するために、オフにする前後で記録を取ってみよう。

リチャージ

8

ランチに行こう

■昼休みをとらないと自己コントロール力が下がる

ロンドン博物館で管理職として働くローラ・アーチャーは、たくさんの仕事を抱えている。博物館の資金調達イベントの責任者として、パートナーシップを結ぶために他の芸術機関やロンドンの企業を引き寄せる新たな方法を考えなければならないし、このロンドンでも最大級の公営施設の運営費をまかなうために会員を増やす計画も考案しなければならない。

そして、プレッシャーが高まり、うまく仕事がこなせていないと感じたときに誰もがそうするように、彼女は働く時間を増やし始めた。それは厳しい締め切りに間にあわせ、自らの役割をきちんと果たしていくためには、当然のことのように思えた。そして時間を捻出するために、少しずつ昼休みを削り始めた。

ブログ(と後に同名のタイトルで出版した本)「Gone for Lunch」(ランチに行こう)でその影響の悲惨さを回想しているアーチャーは、僕にこう語った。「楽しかったということ以外に、昼休みをとることの利点に気づいていなかった。仕事が増えて昼休みがとれなくなったとき、初めてそれが自分にとってどれほど大きなものだったのかがわかった。何もかもがダメになった。気分は沈み、体力も落ちた。仕事へのやる気もなくなった。食生活も荒れた。一日中デスクに張りついていると、夜は持ち帰りや出来あいの食事がしたくなる。便利だけど、私にはあまり良くなかったみたいね。帰宅してからも、その前に友達と会うときも、ワインを飲みたいと思うようにもなった。なんとか気持ちを上げるために、アルコールに頼るようになっていたの。カフェインもそう。普段は飲まないコーヒーを日に1、2杯は飲んでいた。私にとってはかなりの変化よ。しかも、砂糖をたっぷり入れて」

それは悪循環だった。「調子が悪くて、とにかく身体が重たかった。体力面でも食生活面でも最低だったので、週末になると疲れ果て、土曜日の朝はずっと寝ていた。ようやく起きると、元気にしてくれる何かを求めて夜の街に出かけては深酒した。それで、日曜日はまた昼まで寝ているの。週末が終わる頃にはぐったりしていて、とてもこれから始まる1週間の準備ができている状態ではなかったわ。もちろん、こんな調子で毎週、同じことの繰り返しよ」[1]。

アーチャーは決して特殊なケースではない。現代のオフィスには、パソコンの前でサンドイッチを片手にメールをチェックする「アルデスコ」（デスコ）式のランチをする習慣が定着しつつある。プーパ社の2015年の調査によれば、イギリス人の約3分の2が昼食時に20分の休憩すらとることが難しいと感じていて、その主な理由として上司からのプレッシャーを挙げている。[2]

でも、これを続けていると、仕事や人生にとてつもなく大きな悪影響が生じる。アーチャーが体験した慢性的な疲労感や食生活の乱れは、昼食を抜いている人にありがちな症状だ。これは単なる働きすぎによる疲労とは違う。**昼食を抜いていると、専門用語で「自己制御」と呼ばれる自己コントロール力すら落ちていくこともわかっている。**

たとえば、誰の目も気にせずに自由に過ごせるときは、ソファに寝そべり、だらしないスウェット姿で寛げる。だけど、週末をパートナーの両親と一緒に過ごすことになったら、言葉遣いや仕草にも気をつけなければならないし、相手の話に興味を持っているフリもしなければならない。これが自己制御の力だ。しかし昼休みをとらないと、こんなふうに自分の行動をコントロールする力すらも衰えてしまう。昼食をとるヒマもないと感じている人は、精神的にも肉体的にも疲れる。それはやりたくないことをしなければならないからだ。[3]

アーチャーの言う「長引く疲れ」には、重要なポイントが潜んでいる。心には、エネルギータンクのようなものがある。空になったタンクを補充するには、たとえば1時間の運動などが必要だ。でもこの補充を怠ると、疲労は増大する。

心理学者のエミリー・ハンターとシンディ・ウーは、昼食を抜くことと週末の疲労に相関関係があることを明らかにした（昼食をデスクでとりながら仕事をすることが土曜日の夜を台無しにしているとアーチャーが感じていたことを裏づけるものだ）[4]。テオ・メイマンとジェスパータス・ムルダーは、それが睡眠障害にもつながることも示唆している[5]。家族や友人との週末を台無しにしたくないことが、昼休みをきちんととる理由になるかもしれない。

そしてもちろん、昼休みに休憩をとらなければ、その直後の仕事にも悪影響が出る。そもそも、昼休みをとるかとらないかにかかわらず、人は午後になると午前中よりも寛容ではなくなり、判断力も落ちる。作家のダニエル・ピンクが2018年の著書『*When*』で指摘しているように、裁判官は昼食後により厳しい判決を下し、医師は診断の精度を落とす傾向がある[6]。ノースカロライナ州デューク大学医療センターの調査によると、医療ミスが起こる確率は午前9時よりも午後4時のほうが4倍も高い。繰り返すが、この違いは昼休みをとっていた場合にも生じるものだ。昼休みをスキップすれば、さらに悪くなる。

■「休憩をとらない」という考え方を捨てよう

ここで、休憩がもたらす回復力が威力を発揮する。休憩をとれば、午後の疲れを和らげ、バランスを取り戻せる。ダニエル・ピンクは、「時間生物学」の考えを活かして行動することの利点について数え切れないほどの例を挙げている。たとえばデンマークでは、午後の試験の前に休憩時間を与えられた子どもたちは、午後の成績の低下を抑えられた。ハーバード・ビジネス・スクールのフランチェスカ・ジーノは、学校の試験の成績は1日の時間が経過するごとに下がるのが普通だが（残念ながら、これは特に成績の悪い子どもたちに顕著な傾向だ）、休み時間を入れることでこれを防げることを明らかにし、こう述べている。「1時間ごとに休憩を入れれば、テストの成績は1日の時間が経過するごとに上がっていく[7]」

だからこそ、僕たちには変えるべき仕事の習慣が2つある。まず、重要な仕事は昼食前に片づけること。頭がすっきりしている午前中は、複雑な課題に取り組むのに最適だ。もう1つは、休憩をとらずに成果を上げようとする考えを捨てること。しっかり休むことが結局は良い仕事をする近道だということは、誰もが直感的に知っている。でも、そのルールは自分だけには当てはまらないとも考えている。パソコンの前でランチをとりながらメールを処理してしまうか、散歩に出かけて30件の新着メールが待つデスクに戻るか、という選択を迫られたとき、昼休みのうちにメールを片づけるほうが合理的な選択だと思える。たとえ午後に生産性が落ちるとしても、未処理のメールが多いと落ち着かない気持ちになってしまうのだ。

肩をすくめて「でも、やっぱりそれは私にはできない」と言う前に、昼休みの過ごし方を変えたアーチャーにどんな変化が起きたかを見てみよう。「昼休みをしっかりとるようになってから、元気になったの。朝と同じくらい新鮮な状態でデスクに戻れるようになった。週末の前には、〝今週は美術館に3回も行って、見たい展覧会を見られたわ〟と1週間を振り返れるようになった。年末には、豊かで創造的な1年を過ごせたと実感できるようになった。昼休みの時間を合計すると、年間でどれくらいになるか計算してみたの。なんと、それは30日分の休暇と同じだったわ」

■同僚とランチを食べるだけで幸福度は上がる

どんなふうに外で昼食をとるかも幸福度に影響している。内向的な人にとってはあまり嬉しくない知らせかもしれないが、オックスフォード大学の研究によれば、1人で食事をすることは不幸を感じることの最大の要因になるのだという（この研究では、既存の精神疾患が悪化したという規準で不幸を評価した）[8]。研究を率いたロビン・ダンバーは、その理由を次のように説明している。「誰かとテーブルを囲むと、脳の痛みを司るシステムの一部であるエンドルフィンを分泌させる。エンドルフィンは、化学的にはモルヒネと酷似している。それは脳で生産される天然の麻薬のようなものだ。親しい人と一緒に時間を過ごすとき、脳ではこのような作用が起きている」。つまり週に2、3回、昼食を同僚と一緒にとれば、あなたは幸福度を高められるのだ。

一緒に昼食をとる同僚の数も重要だ。オフィス内の人間関係をデータ分析するサービスを提供するヒューマナイズ社のベン・ウェイバーによれば、会社のカフェテリアのランチテーブルのサイズは、オフィスのコミュニケーションのレベルに大きく影響している。「ある会社では、生産性が高い人たちは、10人くらいの大勢の同僚と一緒にランチをとっていた」（これらの人々のパフォーマンスは他よりも大幅に高かった）。生産性が低い人たちはたいてい3、4人で一緒に昼食をとっていた。ウェイバーらはその理由に興味を持ち、カフェテリアのレイアウトを調べた。「カフェテリアには扉が2ケ所あり、1つの扉の側のテーブルはすべて12人がけで、もう1つのドアの側のテーブルはすべて4人がけだった。つまり、大勢で食事をとっていた人は12人で一緒に行動していたのではなく、たまたま同じテーブルに座った人たちと会話をしていたのだ。12人がけのテーブルで昼食をとっていた社員は、社内の他の部署の同僚と話す機会が大幅に増えた」。この会社はソフトウェア開発を手がけていて、昼食時に大勢の同僚と話をしていたエンジニアは、仕事の質を格段に高めていた。[9] これは、どんなビジネスにも当てはまる事例だと言える。

でも、注意しなければならないことがある。たしかに昼食を同僚と一緒にとるのは職場のコミュニケーションの潤滑油になる。しかしそれは強制的ではなく、自発的なものでなければならない。トロント大学のジョン・トゥルガコスらによれば、**従業員が昼食時に他人とコミュニケーションをとることを強制されたと思った瞬間、それはストレスになる。チームランチも、それが義務になったとたんに元気が奪われる。**上司から新車の自慢話を1時間も聞かされるのは、パソコンの前に座って1人で昼食をとるよりも疲れるかもしれない。トゥルガコスも、「行動をコントロールされると、従業員の疲労度は増してしまう」と述べている。[10]

アーチャーは、昼休みを自発的に過ごす最良の方法は、計画を立てることだと気づいた。昼休みにヨガクラスの予約を入れている同僚は、当日にランチに誘うことはできない。事前に計画して、気があう同僚同士で昼食のテーブルを囲むことで、リフレッシュして午後に最高の仕事ができるようになる。

そう、昼休みはきちんととろう!

まとめ

- 休憩時間を予定に組み込もう。昼休みに何をするかを計画するには少し時間がかかるが、気分転換ができるのだから、その価値はある。ローラ・アーチャーは、週に一度か二度しか昼休みをきちんととれなかったときでも、ストレスを解消できたと言っている。
- ランチをとる（好きな人と一緒に）、公園のベンチに座る、散歩をする、エクササイズのクラスを予約するなど、昼休みにすることのバリエーションを増やそう。「TO-DOリスト」に溜まっているものを消化するのもいい（手紙を書いたり、祖父母に電話をかけたり）。
- ゆっくり休憩がとれないようなランチミーティングの依頼は断り、時間を変更してもらおう。何回か断れば、どんなに押しの強い人でも、会議を開く時間を考慮してくれるようになるものだ。

リチャージ

9

「自分の基準」を決めよう

■僕たちの職場の「ストックホルム症候群」

仕事と再び恋に落ちる方法は、働く時間を減らすことであり、休憩を増やすことである。そう誰かに言われたとしたら、あなたはどう思うだろうか？ それが、この章で提案することだ。突然だけど、まずはスカンジナビアから話を始めよう。

スウェーデン国外では、ブリジッタ・ルンドブラッド、エリザベス・オルディガン、クリスティン・エンマーク、スベン・サフストロムの名前を聞いたことがある人はほとんどいない。

1973年、銀行員だった4人は、勤務先の信用銀行に押し入った強盗に人質に取られた。だけどその後6日間、4人が監禁されている間に何が起きたかについてはよく知られている。

警察は、人質が強盗との間に絆を深めていたことに驚いた。怒りや恐れの感情に襲われているはずの4人は、強盗に小さな親切をされたことで（トイレの使用許可や食べ物を与えられるなどの些細なこと）、自分たちを拘束し、命を脅かしている者に感謝の意を表し、法廷での不利な証言を拒否するほどまでにシンパシーを感じるようになっていた。この予想外の反応は「ストックホルム症候群」として知られるようになった。[1]

強盗に拘束されているわけではないけれど、僕たちも職場である種のストックホルム症候群を経験している。会社にいると、あらゆる方向から仕事がやってくる。上司や同僚、クライアントや顧客からも。僕たちは仕事の山に、欲求不満や怒りではなく、諦めで反応しようとする。**心理学者のマーティン・セリグマンは、この状態を「学習性無力感」と呼んでいる。**[2] **ストレスの多い状況に慣れてしまい、それを受け入れてしまうということだ。**

セリグマンは、鬱病の研究をしていた1965年、この症状を偶然に発見した。そのときセリグマンは、ベルを鳴らして犬に電気ショックを与えるという、「パブロフの犬」として知られる古典的な条件づけ実験の一種を行っていた。予想通り、犬たちはすぐにベルの音を聞くと、直後に電気ショックが与えられることを予測するようになった。だが「学習性無力感」の理論につながったのは、その後で行った別バージョンの実験だった。今回、犬は2つに分割された木箱に入れられた。片方の床は普通のものだが、もう片方の床には電気ショックが伝わるようになっている。犬たちは、その気になれば電気ショックから逃れられる普通の床に飛び移ることができた。

実際、電気ショックを感じた瞬間にもう一方の床にジャンプした犬もいた。だが、電気ショックが2つの床のどちらかにランダムに起こるという実験をすでに経験していた犬は、ベルの音を聞いても動こうとしなかった。自分が何をしても事態は改善できないと思い込むようになっていたからだ。犬たちは、いとも簡単に諦めるようになった。

学習性無力感は現代の職場にも広がっている。僕たちは他人からの要求や期待に押しつぶされ、それを受け入れるようになっている。それが現実であり、状況は変えられないと思い込んでいるからだ。電気ショックが伝わる床からは逃れられないと考えている犬のように。

■〝完全な仕事人間〟をリフレッシュさせる実験

ハーバード大学の民族誌学者レスリー・パーロウは、職場での生産的な働き方についての研究をしているときにこのことを発見した。彼女は、勤務時間以外も仕事から離れられず、常に「つながっている」状態でいると（たとえば、夕食の席でもメールをする）、私生活での人間関係に悪影響が生じるし、そもそものような働き方は一般的に思われているほど生産的ではないはずだと考えていた。しかし、研究対象としてインタビューをしたエンジニアや経営コンサルタントは、必ずと言っていいほど、パーロウは彼らが置かれている当事者ならではの事情を理解しておらず、働き方は変えられないと頑なに主張した。「どのグループも、競争力を保つにはこのやり方しかないと確信していた[3]」とパーロウは言う。

このように「絶えず仕事とつながっていること」を当たり前のように受け入れている人々に興味を持ったパーロウは、「完全な仕事人間」のグループを研究対象にした。フランク・シナトラの曲の歌詞風の言葉で表現すれば、「そこで変えられるなら、どこでも変えられる」と思ったからだ[4]。彼女が選んだグループは、ボストン・コンサルティング・グループのエグゼクティブだった。全員、口を揃えて「クライアントからは24時間態勢での対応が求められていて、昼夜を問わず問いあわせや要求が来る可能性がある」と言い、長時間ハードに働くことは不可欠であり、プライベートの時間でも仕事のメールの処理に何時間もかけるのは当然だと考えていた。パーロウの試算によれば、彼らは平均すると勤務時間外のメール対応に週に約20時間から25時間を費やしており、受信したメールには1時間以内に返信しなければならないと考えていた。

パーロウは小さな一歩から始めた。グループの各メンバーに、週に一晩だけメールを一切しない日をつくるというルールを課したのだ。チーム全体が、これを尊重しなければならない。もし誰かがこのオフの日のメンバー宛にメールを書いたら、このテスト全体は失敗となる。これは、緊急事態が発生すれば全員が総力を挙げて問題の解決に取り組むという企業文化があるボストン・コンサルティング・グループの人々にとって簡単なチャレンジではなかった。

案の定、ある日の夜、緊急事態が発生した。でもこのルールを守ることにコミットしていたチームは、オフのメンバーに「君は今日、オフなのだから心配しないで。何があっても私たちが代わりにカバーするから」と伝えていた。パーロウはそれを知って喜んだ。

しかし、本当の驚きは、このような瞬間がチームにもたらした全般的な影響だった。交替して休みをとるようになると、チーム全体がさまざまな方法で効果的に協力するようになった。大切な用事がある夜にはメールに反応しないことの許可を自分からグループに求めるようになったり、個人的な状況や家庭生活について以前よりも多くを語るようになったりした。何より、完全な休憩（とは言っても、たった一晩のことなのだが）をとることで、驚くほど元気を回復できた。

ある参加者はパーロウにこう語った。「とても忙しい週だったのに、上司からはきちんと休むように、とオフィスから追い出された。とてもリフレッシュして職場に戻ることができた」[5]。パーロウによれば、「オフをとるようになったチームは、仕事に対する満足度が上がり、会社での長期的なキャリアを想像できるようになり、ワークライフバランスに対する満足度が上がった」。誰でも最悪の状況のときには、好きなはずの仕事の悪口を言うようになる。疲れ切っていると、リフレッシュした状態なら頭に浮かばないようなことを考えてしまうのだ。

パーロウは、さらに意欲的な実験を行った。彼らに、丸一日「完全につながらない日」を交替でとることを提案したのだ。その日は、電話もメールもインスタントチャットも何も使わない。当然ながら、チームはこの提案に戸惑った。「当初、チームはこの実験に抵抗したわ。それまでは協力的だった担当者も、メンバーが週に1日完全に仕事から離れるのをクライアントに伝えなければならなくなることに気づくと、突然神経質になった[6]」

でも不思議なことに、つながらない日をつくった結果、誰もが仕事と再び恋に落ちるようになった。チームメンバー間のコミュニケーションはより「意図的」になり、お互いの絆が深まったと感じるようになった。何より大きかったのは、チームは「より良い成果を顧客に届けられている」と確信できるようになったことだ。

■みんなハッピーになってたくさん休める方法

意図的なコミュニケーションとは何か？　それを探るため、バッファ社の採用担当者デボラ・リッポルに話を聞いた。このソフトウェア企業は、僕たちが未来の働き方を考える上で興味深い組織だ。すべての答えを示してくれるかどうかはともかく、同社は新しい仕事のスタイルを誠実に模索している。会社を立ち上げて間もない頃、創業者の1人がビザの問題で、アメリカで働けなくなった。チームはサンフランシスコのオフィスで1ケ所に集まって働くという考えを捨て、世界各地で働き始めた。ノートパソコンとWi－Fi接続が使える場所なら、どこでも働いた。設立当初の難題に身軽に対応したことが、この会社のカルチャーになった。ビザの問題を解決し、再びカリフォルニアを拠点としたいまも、その精神は残っている。

リッポルは、70人強の同社の社員の働き方を教えてくれた。「私たちは16ケ国40都市、11のタイムゾーンで働いている。目指しているのは、メンバーがどこにいてもハッピーに働けること。そのためには、誰もが十分な裁量を持ち、他のメンバーと効果的に協力できなければならない。これは、同期的なコミュニケーションではうまく実現できないの。もし全員がニューヨークと同じタイムゾーンで働いているのなら、スラックでコミュニケーションをとり、リアルタイムで意見を交換しながら決定を下せる。でも、フランスやシンガポールで働くメンバーがいれば、決定の場には加われない」

同期的なコミュニケーションでは、即時的に意見が交換され、物事が決定していく。そのためメンバーは、常に遅れを取ってはいけないというプレッシャーを感じる。一方、非同期的なコミュニケーションは、迅速に物事を決定しなければならない場合などには向いていないかもしれないが、全体としての期限を定めれば、熟考した意思決定がしやすくなる。その場で急いで回答する必要がなく、考える時間ができるからだ。

「私たちは、〝じっくり時間をかけて考える〟ことを大切にしているの。いくつもの時差があるから、効率的で効果的なコミュニケーションの基準をつくるのは簡単じゃない。だから工夫をしている。たとえば、〝これについてどう思う?〟といった自由回答式の質問は避ける。タイムゾーンが違う者同士がそういうやりとりをしていると、時間がいくらあっても足りなくなるから。質問はもっと具体的にして、〝イエス〟か〝ノー〟で答えられるものや、選択肢を示してどれかを選んでもらうようなものにしているの」

全員が同時に関わるのではなく、時差の違う場所にいるそれぞれのメンバーが順番に仕事を担当し、意見を述べていくというスタイルには、大きなメリットがある。1人ひとりの仕事や発言が注目され、インパクトが大きくなる。自分が1日の仕事を終えた後に、遠く離れた支社にいる他のメンバーに続きを任せることで、信頼関係は高まり、協力意識も強まる。メンバーはハッピーになり、たくさん休めるようになる。

まとめ

- いまの会社の働き方のスタイルは変えられないものだという思い込みを捨てよう。
- メンバーが完全に仕事から離れる日や時間帯をつくれるのなら、積極的にそれを採用しよう。そして、そのルールに従おう。

リチャージ

10

「デジタル安息日」をつくろう

■「つながった状態」を断ち切れ！

最近では、「ミーム」と呼ばれるインターネットの流行り物は、あっという間に世界に広がり、数日でカルチャーの一部として定着するようになった。筋萎縮性側索硬化症（ALS）の研究支援のためバケツに入った氷水を頭からかぶる「アイス・バケツ・チャレンジ」も、瞬く間にフェイスブックを席巻し、現実社会に普及した。カメラの前で全員がマネキンのように静止する「マネキンチャレンジ」は、親戚のおばさんだって知っている。これらは、緊迫感と興奮を伴って広がる「バイラル」なアイデアだ。

たしかに、一生懸命働くことは「バイラル」なアイデアにはなっていない。だが、それはカビのようなものだとは言える。[1] つまり、興奮によってではなく、感染によって広がっていく。マイクロソフトの研究によれば、上司が部下の目に見える形で1時間、時間外労働をする（例「日曜や平日の定時後にメールを送信する」）と、部下の時間外労働もそれに連動するように20分間増える。上司が日曜日に仕事のメールを送るようになると、それはカビの胞子のように部下のもとへと移動する。それに感染した部下は、同じように日曜日に仕事のメールを送るようになるのだ。[2]

この感染には他の形もある。たとえば上司が会議中にノートパソコンを取り出してメールを書き始めると、部下が同じことをする確率も倍増する。僕たちは上司がすることを真似るのだ。

「リチャージ9」で見たように、会議やメール、「つながること」からいったん離れてリセットすると、気分をリフレッシュできる。民族誌学者のレスリー・パーロウは、常に誰かからのメッセージが入ってくる「つながった状態」に慣れきっていると、その状態から切り離されたときに無力感を覚えるようになると言う。それでも、つながりを断つことは、それまで閉じ込められていた狭い場所から心を解放する効果がある。

不安が減ることもわかっている。前述したように、勤務時間外にメールをチェックする人の半数は強いストレスを感じている。メールに反応することで分泌されるコルチゾールはエネルギーレベルを急上昇させるが（「リチャージ7」を参照）が、同時にサバンナでライオンに出会った草食動物のような精神状態もつくり出す。仕事上のストレスを減らすために勤務時間外もメールをチェックしていると考えている人もいるかもしれない。だが、そんな事情がわかるわけもない身体は、体内でコルチゾールが分泌されているのは、危険が迫っているからだと見なすのだ。

コルチゾールが体内を駆け巡ることでもたらされる中期的な影響は、疲労と消耗だ。それはカフェインを飲んで一時的に元気が出た後で、その前よりもぐったりしてしまうのと似ている。だけど休憩をとれば、エネルギーや注意力、記憶力、創造力を取り戻せる。

だからこそ、週末にしっかり休むことがとても重要なのだ。生産性に関するジョン・ペンカベルの研究によれば（「リチャージ5」を参照）、日曜日に休んで週に48時間働く人のほうが、週に一度も休みをとらずに56時間働く人よりも生産性が高い。休むことで働く時間は減っても、トータルで見ると生産性は上がっていたのだ。

ここで生産性についてじっくりと考えてみる価値があるかもしれない。現代のようなハイテク時代では、誰もが半ば取り憑かれたようにして生産性を気にしている。過去数十年を振り返ったとき、大きな謎が浮かんでくる。技術はかつてないほどの進歩を遂げたはずなのに、社会が以前と比べて特に大きな成果を達成できていないことだ。

この問題を深く掘り下げてきた経済史家のポール・デヴィッドは、とても説得力がある主張をしている。簡単に言うと、それは「人々はまだ、テクノロジーの進化が可能にしたことで何ができるようになったのかをよく理解していない」ということだ。デヴィッドはハイテクと電気モーターを比較している。電気モーターは、蒸気機関に取って代わるようにして登場した。それは大きな進歩をもたらした。小型で、正確で、1人で操作できる。それでも、産業界全体が電気モーターを受け入れて変化を遂げるようになるまでにはかなりの時間がかかった。ある物事が世の中全体に受け入れられるまでには、相当の時間が必要になるということだ。

■「進化したツール」とその使い方がわからない僕たち

僕たちの課題は、現代のイノベーションがもたらしたツールの使い方をまだ学んでいないことだ。放っておけば膨大な量になる受信トレイのメールの数を常に20～30通に保っておくことで、自分は生産的に働いていると考えている人もいる。だけど何度もメールをやりとりして実際にしていることは、社内ミーティングの時間調整だったりする。僕たちはかなりの時間を仕事に捧げていながら生産的に働けていない。だからこそ、忙しく働くことばかりに意識を向けるのはやめて、脳をしっかりと休ませ、本当に大事なことに集中するという「リチャージ1」で説明したディープワークのスタイルで働くべきなのだ。そうすれば成果も上がる。ディープワークの提唱者である作家のカル・ニューポートは、そのことを僕にこんなふうに語ってくれた。「現代の職場はディープワークの敵だ。長い目で見れば、現在のオフィスワーカーの仕事の方法は知識労働の進化の歴史の中の特殊な一形態として位置づけられると思う。15年後には、いまの知識労働へのアプローチは悲惨なほど非生産的なものだったと回顧されるはずだ」[3]

20年前、エリック・ブラインジョルフソンとロリン・ヒットは、コンピューター化の恩恵を最も受けているのは、単にコンピューターを使ってそれまでと同じ仕事をしている企業ではなく、この機会にそれまでの業務や組織形態を刷新し、新しく生まれ変わった企業だと指摘した。[4]それは経営学の思想家ピーター・ドラッカーが1988年に述べた、「未来型の組織」の体現だった。ドラッカーは、将来の勝者となる企業は、「高度な技能を持つ労働者が高レベルの意思決定権を持つ、よりフラットで非階層的な組織」に移行した、テクノロジーを活用した企業になると予見した[5]——決して、たくさんのメールを処理したり、週末に仕事をしたりする社員が多い企業が勝者になるとは言わなかった。

今日の企業のリーダーに求められているのは、目に見える形で忙しく働くことではなく、生産的なディープワークを奨励する企業文化を育むことだ。リーダーは組織全体がエネルギーを高め、創造性を取り戻せるようにするために、「週末メール禁止令」をルール化すべきだ。日曜日の朝に同僚から送られてくる仕事のメールほど、すべてを台無しにするものはない。それは送信者と受信者の創造性とエネルギーを損なうだけでなく、「週末のメールが許されている雰囲気」をチーム内に感染させてしまう。企業がどれだけ立派な企業理念を壁に貼り出し、ポジティブな標語を掲げていても、週末にメールを送ることを許可してしまえば、その言葉はすべて虚しいものになってしまう。

■クビになったダメ上司〝幻のユーザーガイド〟

もちろん、勤務時間外にメールを送る必要性を感じている人の気持ちは十分理解できる。メールにすぐに返信をしないことで生じる罪悪感を覚えなくてもいいし、周りに後れをとっていないという安心感も得られる。それに、誰もが自分にとって最適な方法で働く自由を持つべきだ。だから僕は、一部の人が提案し、いくつかの国ではすでに導入されている、労働時間外は強制的にメールを利用できなくする制度をすべての会社が採用すべきだとは主張しない。それでも、僕たちは心に留めておかなければならない。週末に仕事のメールを送るということは、相手の自由を壊してしまうということだ。送信ボタンを押す前には、そのことをよく考えるようにしよう。

最適なのは、基本的に週末のメールは控えるが、仕事上、どうしても発生することのある緊急事態には十分な理解に基づいて連絡をとるというバランスのとれたルールを定めることだ。やむを得ず週末に連絡をする場合は、ワッツアップや携帯アプリのグループ機能などを利用できるし、直接電話しなければならないケースもあるだろう。何か重要なことが起きて、チーム全員に連絡をとらなければならない状況はある。たとえば、同僚に不幸があったときなどだ。でも、それ以外の場合は、職場を良いものにするための簡単なルールがある。そう、原則として、週末のメールを禁止することだ。この原則に違反した人がいたら、「週末にはできるだけメールを送らないように」と穏やかに伝えたり、チームミーティングでそのことにフレンドリーな形で言及したりしよう。たったそれだけのことで、仕事のことで頭がいっぱいになっている同僚も、冷静になって自分の仕事のスタイルを見つめ直すようになるはずだ。

　昔、「私には自分の仕事の流儀を書いた〝ユーザーガイド〟がある。これを新しく部下になった者に読ませるつもりだ」と息巻いている上司がいた。「君は週末に仕事をしない主義なのかもしれないが、私はする」と言い、週末も朝に長めのランニングをしているとき以外はずっとメールをしていた。ほどなくして、彼は会社をクビになった。その「ユーザーガイド」は、結局誰にも渡されなかった。それは誰にも惜しまれることのない僕たちの時代の失われた作品（ロスト・ワーク）になった。

まとめ

- 週末は仕事のメールをしないこと。金曜日の午後6時以降は、ゆっくり休もう。チーズをつまみにワインを飲もう。なんでもいい、好きなことをしよう。
- 金曜日に急ぎではないメールを書いたときは、下書きフォルダに保存しておいて、月曜日の朝一番に送信しよう。「ブーメラン」などのメールアプリケーションには、メールを指定した時刻に自動送信する機能がある。

リチャージ

11

十分な睡眠をとろう

■あらゆるエビデンスが「睡眠の重要性」を証明している

ぐっすり眠ることほど良いものはない。睡眠は、パフォーマンスを最高に高めてくれる。それは僕たちを長生きさせ、創造性や記憶力を高め、心臓病や認知症、がんから守り、風邪を予防し、幸福にし、魅力的にしてくれる。しかもタダだ。

僕は仕事と幸福についての探究を始めたとき、すぐに壁にぶつかった。幸せになる（職業上であれ、人生全般であれ）ための重要な2つの方法の性質が、仕事とは相反するものだったからだ。1つは眠ること。もう1つは友人との（幸せな）時間を増やすことだ（他人と親密で友好的な関係を築くことのメリットについては、本書の後半で詳しく説明する）。

睡眠には強力な回復効果がある。満足感が得られるし、目覚めた後は何をするにしても能力が高まっている。8時間ぐっすり眠れば、カフェインや糖分の多い食べ物に頼らなくても元気に過ごせる。健康上のメリット以外にも、睡眠には僕たちの気分を良くする力がある。[1] **毎晩規則正しく早めに就寝し、十分な睡眠時間をとっている人ほど、否定的な考えを持たないことがわかっている。**

もちろん、一晩に8時間も眠る必要はないと言う人はたくさんいる。長く寝る人は怠け者だとあざ笑い、自分たちのほうこそ正常だと言い張る。でも、それは違う。この手の「ショートスリーパー」の大半は、昼間の覚醒を保つために強い刺激が必要だし、「自分は眠らなくても大丈夫」と過信しているにすぎない。ある研究で、「睡眠時間はあまり必要ない」と主張する人の脳を調べるためにR－fMRIの脳スキャナーの台に寝かせたところ、そのまま居眠りしてしまう人が驚くほど多く、[2] 被験者の95パーセントの主張は誇張されているという結論が導かれた。これほど重要なことを犠牲にしてまで、眠らない自慢をしようとする人が多いのは、実におかしなことだ。

睡眠のメカニズムについてはよくわかっていないことも多いが、科学はいくつかの答えを解き明かしている。まず、睡眠は脳の発達と修復の大部分を担っている。1990年の実験では、急速眼球運動（REM）睡眠（「ドリームスリープ」とも呼ばれる）を阻害されたラットの赤ちゃんに、大脳皮質の発達の遅れが確認された。睡眠不足のラットは、途中で十分な睡眠がとれるようにしたにもかかわらず、発達が遅れ、成体になっても他のラットと積極的に関わろうとしなかった[3]。

■「残業&睡眠不足」という負のループをいますぐやめよう

睡眠には、起きているときに経験したことを整理し、より理解しやすい形で脳に記憶させる働きもある。実際、夢は現実に体験したことの再生のようなイメージを伴うことが多い。このことは、2001年にMITのピカワー学習記憶研究所のマシュー・A・ウィルソンが行った画期的な実験で証明された。実験では、ラットを迷路（陸上競技のトラックのようなコースの先に、ご褒美の餌が用意されている）で走らせ、脳波のパターンを記録した。その後でラットを眠らせると、脳内で同じ脳波のパターンが繰り返し再生されていることがわかった。「トラックを1周走ることに相当する短い記憶が、高速で瞬間的に再生されていた」（ウィルソン）ハイライト映像がラットの記憶の中で繰り返し再生されているかのように、トラックを1周4秒で走るイメージが100〜200ミリ秒で再生されていた。面白いのは、注意散漫な行動や休息に関する記憶は再生されていなかったことだ。**睡眠は、その日の体験の中でも特に重要**

で記憶に値することのハイライトを脳に刻み、ノイズは捨てる働きをしていると考えられる。[4]この働きによって、ラットは昼間に体験した重要な行動を記憶し、理解を深めることができるようになるのだ。

つまり、「問題は一晩眠れば解決する」という古い格言は、真理を言い当てているということだ。「リチャージ3」で、ジェームス・ウェブ・ヤングが提唱するアイデアを生み出すテクニックでは、睡眠が新鮮な思考を生み出すカギだと述べられていることを説明した。研究も、ヤングの直観を裏づけている。ロバート・スティックゴールドとマシュー・ウォーカーは、学生に数学の課題を解かせた。[5]一方のグループは、第1ラウンドの問題を解いてから一晩眠り、翌日に第2ラウンドを行った。その結果、1日で2ラウンドを行った対照群の学生よりも、16・5パーセントも速く第2ラウンドの問題を解いた。

このグループは別の意味でも頭が冴えていた。この問題には、一般的な解法とは別に、わずかな時間で答えを導くことができる「裏技的な」解法も隠されていた。この裏技を発見した割合は、対照群の学生が25パーセントだったのに対し、8時間たっぷり寝た後で第2ラウンドを行った学生は59パーセントにも達した。

これは、睡眠不足だと言われている世界の3分の2の大人にとってはあまり嬉しくないニュースだ。[6]寝不足は健康に悪いだけではなく、仕事上のミスも誘発する。医師や運転手、軍人など、さまざまな職業に就く人が、疲労時に普段はしないようなミスをすることは経験的に知られている。看護師を対象とした多国籍調査によれば、睡眠不足は判断力を落とし、ストレスレベルも上げる。[7]すっきりとした頭で秩序立った思考がしたいのなら、夜、脳にその日1日に体験したことを整理させ、解釈させる時間を与えなければならない。

深夜まで残業しなければ仕事が片づかないと思っている人は、よく考えてみてほしい。8時間ぐっすり眠ることが、結局は目標を達成するための近道だということを。

まとめ

- 就寝時間を決め、規則正しい生活をして、毎日ぐっすりと眠ろう。
- 寝る前に酒を飲むと、睡眠の質が低下することがある。毎週、アルコールなしで眠る日を何日かつくるようにしよう。

リチャージ

12

1つのことに集中しよう

■「幸せな子ども時代」を過ごすと「お金持ち」になりやすい

誰もが心に抱えている、ある本音に目を向けてみよう。普段は漠然と頭に浮かべていて、酔ったときについ友人に漏らしてしまうような本音だ。それは、海外旅行や庭いじり（ズッキーニやブロッコリーを有機栽培していたりする）をしているときのほうが、仕事をしているときよりもはるかに幸せでいられるという考えだ。

人と仕事の関係はいつでも複雑だ。仕事がなければ、僕たちは不幸になる（失業者は、職がある人に比べてネガティブな考えを頭に浮かべやすい。収入や社会的地位を失い、生活や人生の目標についての不安につきまとわれるからだ[1]。ところが、いざ職を得て働き始めると、仕事を忌み嫌うようになる。なかでも最悪なのは、上司と一緒にいることだ。だから、ズッキーニを育てるのが魅力的だと感じてしまう。

統計データもあまり元気になるような数字は示していない。会社員は、自分の人生を10点満点で6点前後に評価する傾向がある。スマートフォンのアプリを使った数万人を対象にしたイギリスのアンケート調査では、あらゆる行動の中で「仕事をしているとき」の幸福度が2番目に低かった。一番低かったのは「病気で寝ているとき」だ。通勤もまったく楽しくない行為だと見なされている[2]。

お金が人を幸せにしないとは、昔からよく言われることだ。もちろん、ある程度のお金は安心感や幸福感を得るために必要だが、豊かになればなるほど幸せになるとは限らない。**しかし、「幸せだと金持ちになる」という、逆の真理についてはあまりよく知られていない。**

研究者のアンドリュー・オズワルドとジャン・エマニュエル・デ・ネーヴェは、幸せな子ども時代を過ごすことが、大人になったときの経済状況に良い影響を与えることを明らかにした。幸福度をスコアに換算する一般的な方法を用いると、22歳時の生活満足度が1パーセント上昇するごとに、29歳時の収入は2000ドル上昇していた[3]。

データは、気が滅入るような社会的側面も示している。貧しい家庭で生まれ育つと、幸福度も低くなることがわかっている。貧困がもたらすストレスや悪影響は、人を否定的にする。それは世代間で受け継がれていく。カンザス大学のベティ・ハートとトッド・リズリーによれば、低所得の家庭の子どもは、4歳になるまでに褒め言葉よりも落胆を表す言葉を合計12万5000語も多く聞いている。一方、裕福な家庭では、褒め言葉のほうが56万語も多い。人が耳にする言葉は、考え方や将来の目標の形成に影響を与えることがわかっている。だからこそ、これは残酷な事実だ[4]。

だけど、仕事で幸せを感じられるようになれば、収入が増えるだけではなく、仕事を長く続けられるようにもなる。科学ではこれを「逆の因果関係」と呼んでいる。つまり、双方向に作用するウィンウィン（またはルーズルーズ）な関係だ。またワーウィック大学の研究によれば、幸せな労働者の生産性は12パーセントも向上する。逆に、不満を抱いている従業員の生産性は10パーセントも低下していた。全体では22パーセントの差があるということだ[5]。

■「気が散る」だけで「幸福度」は下がる

では、どうすれば仕事で幸せを感じられるようになるのか？　まずは、休日に仕事のメールをしない、夜にぐっすり眠る、などこの本でこれまでに提案してきた「リチャージ」の方法をすべて試してみることをお勧めする。何より、これらの方法を実践して集中力が高まれば、それ自体が幸福の源になる。

絶えず気を散らしていると幸福度が下がることは、多くの研究が示している。ハーバード大学の心理学者の調査によれば、会社員は日中の46・9パーセントは明晰な思考をしていないことがわかった。つまり、ぼんやりと考えごとをしながら1日の半分を過ごしていたのだ（この集中力の欠如は、「リチャージ1」で述べた注意対象の切り替えと大きく関係しているのは間違いないが、この研究では特にこの点には注目していない）。

また、思考をさまよわせるのは楽しくもあるが、ネガティブな考えに結びつきやすい。気が散る傾向のある人は集中力のある人よりも17・7パーセントも幸福度が低い[6]ことを示唆する研究は、「さまよう心は不幸な心だ」と結論づけている。

仕事でもっと幸せになりたいなら、一度に1つのことに集中しよう。それは生産性を高めるだけでなく、あなたを幸せにしてくれる。これまで説明してきたように、働き方のモードは状況にあわせて変えなければならない。アイデアがほしければ、ストレスから解放され、自由に発想を広げることが必要だ。

でも、せっかく良いアイデアがあっても、それを活かすための集中力がなければ何の価値もない。誰もがブラウザのタブを何十も開き、次々と行動を切り替えることが当たり前になっている現代では、急げば急ぐほど多くを成し遂げられるような錯覚に陥りがちだ。だけどそれは違う。仕事を1つずつ終わらせていくことで、初めて創造的な思考が生まれるスペースができる。そして、仕事を終わらせるために必要なのは、目の前の仕事に集中することなのだ。

まとめ

- 集中する方法（通知をオフにする、オフィスの静かな場所に行く、ヘッドフォンをつける）を探そう。仕事の生産性が上がるだけではなく、幸せになれる。
- 仕事で大きな幸福感を味わえるようになれば、仕事の成功も引き寄せやすくなる。

第 2 部

シンクロナイズ

チームを結びつける8つの方法

Introduction

「あなたのチーム」の結束はどうしたら高まるか？

■神聖ローマ帝国のボスが仕事について教えてくれること

13世紀の神聖ローマ帝国の皇帝から、仕事について学ぶべきことがたくさんあると提案すれば、意外に思うかもしれない。フリードリヒ2世はかなり複雑な男だったし、そのぶっ飛んだ行動が今日の職場で気に入られるとは考えにくい。現代のイタリアやドイツ、オーストリア、チェコ共和国の大半を1つにした巨大な帝国を築き上げるなどの成功は収めたものの、その攻撃的な野心は常に戦争や政争を引き起こし、毎週の会議は大きな緊張感に包まれた。

ローマ教皇ホノリウス3世から皇帝に選出されて戴冠したが、ホノリウスの後継者である教皇グレゴリー9世から、現代なら世界中でツイッターの話題になりそうなすったもんだの騒動の末に、反キリスト者の烙印を押されることになった。

とはいえ、現代の働き方をテーマにしたこの本がフリードリヒに注目するのは、その科学的な好奇心のほうだ。この時代にしては非常に珍しく、フリードリヒは森羅万象、なかでも人間を科学的に理解したいという強い欲求を持つ権力者だった。ただしその研究には、昆虫の足をもぎ取る幼児のような倫理観しかなかった。たとえばある実験では、被験者は家族から引き離され、食料も水もない樽の中に密封された。目的は死の瞬間に樽の小さな穴からその人の魂が天に向かって昇っていくのが肉眼で見えるかどうかを調べることだったが、もちろん、そんなものは見えなかった。

現在では、殺人的なA／Bテストと呼ばれている実験もある。男性2人が同じ内容の夕食を与えられた。それを終えると、1人はハードに野原を動き回る夜のハンティングに招待され、もう1人は安眠するように勧められる。ハンターが戻ってくると、2人は殺され、内臓を摘出された。フリードリヒは、運動と休息が消化器系に及ぼす影響を調べたかったのだ[1]。その後、フリードリヒが新たな被験者を探そうとしているように見えたとき、周りの人が絶対に目をあわせないようにしたことは容易に想像できる。

特に非人道的だったのは子どもたちに対する実験だった。フリードリヒは、赤ん坊は誰にも言葉を教わらなくても喋るようになるのか、すなわち人類にはもともと言語能力が備わってい

マズローの「欲求の5段階説」

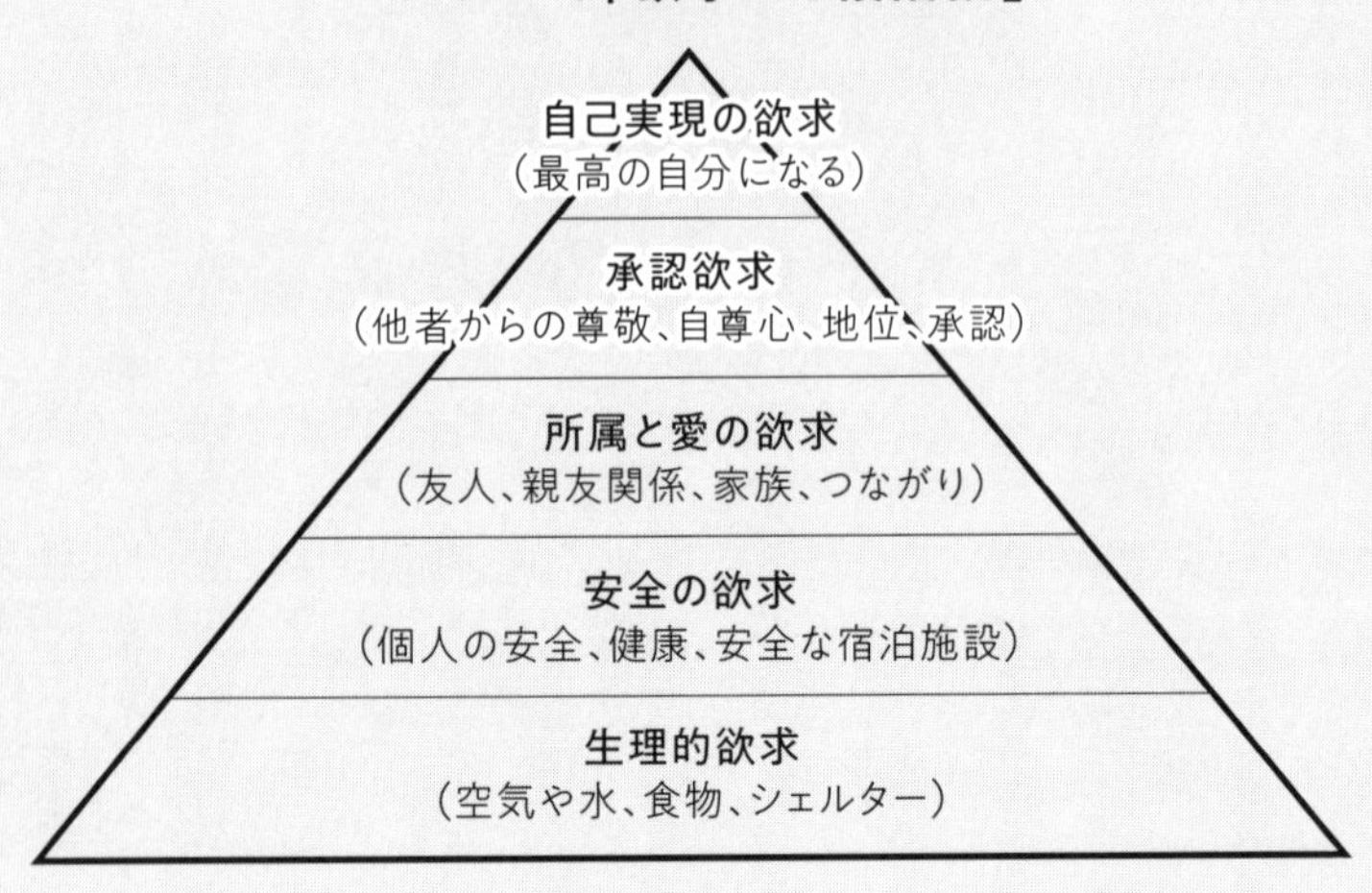

るのかを確認するために、世話係に実験対象の赤ん坊に触れたり、コミュニケーションしたりしないようにと指示した。愛情を示すことも、話しかけることも禁じられた。結果はフリードリヒにとって驚きであり失望だった。ネグレクトされた赤ん坊は、言葉を喋らなかっただけでなく、愛情や他人との関わりに飢え、死んでしまったのだ。自分が他人にとって重要な存在であるという意識を持てなかったために、生き続ける理由を見つけられなかったのだ。フリードリヒは重要な真実を発見した――人は誰かに愛されている、または集団に属していると感じなければ、生きていけない。

これは現代では忘れられがちな真実だ。ここで、マズローの「欲求の5段階説」を見てみよう。これは20世紀半ばに心理学者アブラハム・

マズローによって提唱された有名なモデルで、人は基礎的な欲求が満たされることで、より高次な欲求を満たせるようになることを示している(インターネットには、一番下の「生理的欲求」の下に、「バッテリー」と「Wi-Fi」というさらに基礎的な欲求を置くべきだというジョークもある)。

マズローによれば、人間の生存に不可欠な要素は、空気や水、食物、住居、睡眠などの「生理的」な欲求だ。次に「安全」、「所属と愛」、「承認」への欲求が続き、最後に最も高次な「自己実現」の欲求がくる。これは説得力のあるモデルであり、世界中で認められ、人間の動機づけのガイドとして受け入れられている。でも、これは間違いだ。フリードリヒ2世の赤ん坊のことを考えてみよう。マズローのモデルは、食べ物は与えられていた幼児が、愛情を奪われただけで死んでしまう理由を説明していない。

マズローの30年後、ロイ・バウマイスターとマーク・リーリーがこの問題に取り組み、有名な論文を発表した[2]。バウマイスターらは、マズローが「所属欲求」を他の基本的な欲求が満たされた後で初めて重要になる「あればなお望ましい」ものとしたのは間違っているとし、所属欲求は生理的要求と同等なレベルにあると主張した。

人は常に、成果が他人によって認められ、評価されることを望んできた。僕たちは生まれたときから、1人で行動することに魅力を感じないようにできている。「社会的行動の研究を少し調べれば、人間の行動の多くが所属欲求のために行われていることがわかる」とバウマイスターらは述べている。「人間は集団に所属していなければ、生きている価値を感じない。我々は、所属欲求は食物をとることと同じくらい重要な欲求だと考える。それは人間の文化が、所属欲求を提供するという圧力によって著しく条件づけられていることを示唆している」

僕たちは誰かに自分を認めてもらいたい、あたたかく接してもらいたい、良い行いをしたときはそれを見てもらいたいと思っている。もし、森の中で寄付をして、誰にもそれを目撃されなかったら、それは本当に起こったと言えるだろうか？

340万人以上の成人の病歴を調べたジュリアン・ホルト・ランスタッドの研究も、バウマイスターらの発見を裏づけている。この研究によれば、孤独によって早死にするリスクは50パーセント高まる（肥満による死亡リスクの上昇は30パーセントだった）。「社会的に他人とつながりを持つことは人間の基本的な欲求であり、幸福と生存の両方に不可欠であると考えられる」と彼女は結論づけている。[3] 言い換えれば、孤独は不健康な食事よりもずっと悪いものなのである。

集団に所属していないという感覚は、僕たちの人生のあらゆる瞬間にダメージを与える。フリードリヒ2世は赤ん坊が愛情なしでは生きられないことを示した。現代でも、安定した人間関係を奪われたティーンエイジャーや大人は心身の病気に悩まされやすくなる。犯罪や自動車事故など問題行動を起こす確率も高くなり、自殺傾向も強まる。

当然、これは人生全般だけではなく職場にも当てはまる。家にいるとき自分が家族の一員であると感じるのと同じように、週のうち5日を共に過ごす人々の一員と感じることにはとても重要な意味があるのだ。

職場での所属意識とは何だろう？ 身近な人に対して使う「家族」や「愛」などの言葉を職場でも用いることに抵抗を感じる人はいるだろう。でも実際には、会社で働く人々も同僚に友情や家族愛に近いものを感じている。僕はロンドンの消防士との会話の中で、「消防士が一番やりがいを感じるのは、仲間と喜びを共有し、心のつながりを感じるときだ」という言葉に感銘を受けた。[4] 彼の意見は、インデペンデント紙の取材で「グレンフェル・タワーの火災で猛火と命がけで戦った消防士たちの集団内の雰囲気はどのようなものか？」と尋ねられ、「僕たちは愉快な集団だ。いつも笑ったり冗談を言ったりしている」と答えた他の（匿名の）ロンドンの消防士と同じだ。[5]

ウォートン・スクールの教授のシーガル・バーセイドは、職場で友情や所属意識、愛について話しあうことの重要性を主張している。もちろんパートナーや家族について話すときとまったく同じ意味でこれらの言葉を用いるわけではないが、企業は抵抗を示す、と彼女は言う。それでも、僕たちは職場でバーセイドが言う「友愛」を経験できる。「従業員は、会社に足を踏み入れるときに人間らしさや感情を置き残したりしない。そこには自分の居場所があり、友愛がある。それは従業員を幸せにし、最終的には会社の収益にも貢献する[6]」

彼女自身の調査（7つの産業部門の従業員3200人が対象）によると、「友愛」は、仕事への満足度、組織へのコミットメント、責任感を高める。責任感は一般的に、厳格な社風やプレッシャーの強さと結びつくことが多く、意外に思うかもしれない。**だが、バーセイドは逆のことを指摘している。集団との強い結びつきを感じるとき、人は責任ある行動を取ろうとする。**

バーセイドは、友愛は伝染するという。だからこそ、リーダーは模範となり、共感的なつながり、つまりは愛を示さなければならない。すると、愛は組織内に広がっていく。嘘っぽく聞こえるかもしれないが、感情が伝染するという概念は、多くの研究で確認され、認知されている事実だ。母親の腕に抱かれている赤ん坊は、大人の表情を反射的に真似しようとする。大人も同じだ。FBIの元人質交渉担当者クリス・ボスは、犯人に対して心から明るく振る舞うことが、生死に関わる交渉を成功させる秘訣だと言う。深夜ラジオのDJのような親しみのある声のトーンで語りかけることで、犯人の気持ちも変化する。「話しながらリラックスし、笑顔になることが大切だ。電話で話していても、笑顔は相手に伝わる」[7]

僕たちは相手とのつながりを感じるほど、さらにその人のために何かをしようとする。カップルを結びつけている一番の要因は（約4万人を対象にした調査によると）、「ポジティブな錯覚」である。誰かと一緒にいたいと思うのは、どちらもお互いにとって素晴らしい存在だと思っているからだ。[8]

同じように職場で自分が特別だという感覚を持てれば、職場への所属意識を持てるようになる。チームのモチベーションを保つために、上司は（恋人のように）メンバーを素晴らしい存在だと思わせる役割を担ってもいいだろう（ただし、メンバーにかける言葉は本心からのものでなくてはならない。心にもない褒め言葉を連発すれば、むしろ逆効果になる）。職場でも家庭でも、所属意識はとても重要だ。次のセクションでは、その実現方法について説明する。

■企業文化の問題

あなたの職場の人たちは、仕事に真剣に取り組んでいるだろうか？　最近では、「エンゲージメント」という言葉がちょっとした流行語になっている。世界中の会社の人事部がこれをテーマにした会議を延々と開き、この問題を話しあうために毎週どこかで国際会議が開かれる。上司もこのことばかり気にしている。

このエンゲージメントへの執着は、「自発的努力」という考えとも結びついている。それは、「どんな職業でも、やらなければならない仕事はたくさんある。でもそれ以外に、従業員が自発的にできる、さらなる貢献の余地は残っている。ただし、通常は誰もそのようなプラスアルファの働き方はしない」という発想に基づいている。僕たちは誰もがそのことを経験的に知っている。仕事であれエクササイズであれ、自分が全力を尽くしていないことは自覚できるものだ。そして理論上、社員からこの自発的努力を引き出すことに成功した企業は、社員が嫌々働いているライバル社よりも生産性をはるかに高められるという。

たしかに、その通りなのだろう。なぜなら、1990年代に従業員のエンゲージメントが測定され始めて以来、それが驚くほど低いことがわかったからだ。国際的な調査会社ギャラップによれば、イギリスでは労働者の92パーセントが仕事に真剣に取り組んでおらず、そのうち19パーセントが「積極的に手を抜いている」[9]。「これらの人々は、仕事や会社に愛着を感じていない。能力を発揮するために何をしなければならないのかがよくわからず、うまくベストを尽くせないと感じている。そのために生産性が犠牲になっている」

自分の仕事に関心を持ち、積極的に貢献したいと思っているイギリスの労働者は全体の8パーセントしかいない。10人に1人もいない計算だ。アメリカのほうがまだマシで、33パーセントの労働者が仕事にエンゲージしていると答えている。フランスは酷くて、仕事を楽しんでいる労働者はたったの3パーセントしかいない。

ギャラップは、「これらの労働者をエンゲージさせるのはそれほど難しくない」とし、研修をする、管理職を交替させる、などの方法が効果的なはずだと主張している。たしかに「従業員のエンゲージメント」という難問を解決したように見える組織は、良い成果を上げている。

労働問題に詳しいジェイコブ・モーガンは、ポジティブな「従業員体験」に多く投資している企業はエンゲージメントが向上し、ファスト・カンパニー誌の「最も革新的な企業」リストには28倍、グラスドア社の「働きたい企業」リストには11倍、リンクトインの「もっとも働きたい企業」リストには4倍も多く選ばれているという。[10] また、これらの企業は他の企業に比べて従業員1人当たりの平均利益が4倍、平均収益が2倍も高い。興味深いのは、大企業よりも中小企業のほうがリストに多く掲載される傾向があることだ。[11]

ここまでは問題ない。でも、ここで疑問が湧く。従業員エンゲージメントの感覚は、どうやってつくればいいのだろう？ 従業員の士気を高め、ハッピーにし、意欲的にさせるような職場環境を実現するには？ 企業文化を学ぶ者は、当然、この問いで頭がいっぱいになる。「culture documents」という語でネット検索すれば、さまざまな企業で働く喜びを表現した、美しいデザインのPDFファイルが山ほど見つかる。[12] エンゲージメント実現のカギを握るのは、どうやら企業文化らしい。

現代の欧米企業の「企業文化」への執着は、元を辿れば1980年代にリニアモーターカーのような勢いを誇った日本の企業に対する羨望から生まれた。「なぜあの国の企業は特別なのか？」という問いへの答えは、日本の企業は機能的でダイナミックで一貫性のある文化があるから、というものだった。ニュース番組では日本の労働者たちが会社の歌を歌ったり、朝の体操をしたりしている映像が放映され、ここには個人主義の西洋とはまったく異なる、集団を重視する文化があると伝えられた。2つの文化の違いを研究する言語学者のリチャード・ルイスは「日本には集団を尊重する儒教的な階層がある」と指摘した。[13]

その結果、新しい仕事の哲学が生まれた。1990年代の終わりになると、ターボチャージされた自社の文化について声高に自慢できない企業は自らの努力不足を恥じるべきだという風潮が広まった。誰もがオウムのように、「企業文化は戦略に勝る」という経営学の第一人者ピーター・ドラッカーのスローガンを口にするようになった。企業文化の方程式を見つければ、脳にアドレナリンが溢れるようなインパクトが得られるという考えも出てきた。逆に言えば、世界トップクラスの動きの速い文化を持たない企業は、猛スピードで後ろから迫り来るライバル企業の餌食になることを暗示していた。

この時代の残滓は、当時の自己啓発書の中に見ることができる。たとえばスティーヴン・C・ランディンのジョン・クリステンセン共著『*Fish!*』(『フィッシュ!――鮮度100%ぴちぴちオフィスのつくり方』早川書房)は、企業はシアトルのパイクプレイス・フィッシュマーケットのような熱狂的な仕事のスタイルを真似るべきだと主張する。この魚屋では、陽気な店員同士がサーモンを投げ渡したり、濡れたオヒョウを使ってマイケル・ジャクソンの歌真似をしたりして客を楽しませている。[14] つまり、もっと遊び心を持ち、周りを楽しませるような気持ちで働こうというのだ。だが、普通のオフィスを観光地の名所のような場所にするのは難しいことだ。

経理の担当者が大量の書類を同僚に投げ渡し始めたら、顰蹙(ひんしゅく)を買うに決まっている。他の自己啓発書も、チームをもっと熱狂させ、顧客をその熱烈なファンにさせるべきだと主張しているが、そうした職場を、そこで働く人たちが快適に感じられるような場所にするのは至難の業だ。[15] 静かな村の法律事務所の従業員が、「ヒッグス夫人の遺言に従い、当社は熱狂的に働くことを決定した」と言う上司のことを好きになるとは思えない。

企業文化のムーブメントの勢いはいまも衰えていないし、「会社の種族（トライブ）をつくろう」といった新たなキャッチフレーズもあちこちから聞こえてくる。企業文化を標榜する趣旨も、パフォーマンスを向上させる方法というより、会社の魅力を外の世界にアピールするための手段に変わってきている。この分野の第一人者であるアダム・グラントは、企業文化の実態を調査し、各企業が独自の文化をアピールしているにもかかわらず、実際には企業間でほとんど違いは見られないことを明らかにした。[16]

企業文化のムーブメントに内在する問題も明らかになってきた。まず、そこではデータやエビデンスがとても恣意的に用いられやすい。それから、美しく感動的なエピソードを織り交ぜながらアピールされる、あるチームの文化の素晴らしさは、違う状況に置かれている他のチームに当てはまるとは限らないし、何より大きな組織に応用するのは無理がある。

スポーツチームや映画制作会社、レストランなどは、ときに熱狂的な文化を生み出す。だけど、それはあくまでも特殊な状況下にある小さな集団であることを忘れてはならない。チームのリーダーが表彰式でトロフィーを掲げ、万雷の拍手を浴びながら舞台を去って行く。だが残された僕たちが、こうした集団から得られた教訓を数百人、数千人の組織にどう適用すればよいのかは曖昧なままだ。

組織全体が同一の企業文化に染まることは本当に可能なのか？　集団力学を研究するイギリスの人類学者ロビン・ダンバーは、人類がつくる集団の規模は本来１５０人程度が限界だと述べている。この数を超えると、人間の大脳新皮質は複雑な人間関係に対処しきれなくなり、集団内の信頼や協力関係が弱まっていく。ダンバーによれば、集団が大規模になると、そこで過ごす時間の42パーセントが「ソーシャルグルーミング」（社会的毛づくろい）に費やされるようになる。[17] 会社に喩えれば、勤務時間の42パーセントを社内の人間関係を維持する（たとえば社内ミーティングの場所や時間を細かく調整する）ことに使っているようなものだ。

この数字は、コンサルティング会社のマッキンゼーが分析した、会社員がメールの処理に費やしている「勤務時間の4割」という数字にとても近い。受信トレイに大量のメールが溜まっていくのは、ある程度、非生産的なことに時間をかけなければならない大企業の一員としての義務なのかもしれない。

人間が大規模な集団を形成することの困難さを考えると、「企業文化」を全員に押しつけることが容易でないのは簡単にわかる。「ここではこれが慣習になっている」と説明してくれるものがあれば、たしかに役に立つ。だけど、価値観を一般化してしまうと、あまりにも漠然としてどの会社にも当てはまるようなものになってしまうこともあるし、逆にたとえば「その組織に適しているとされる性格のタイプ」などの、実践するのは不可能な概念が絶対視されることにもつながってしまう。人に態度や働き方を強制するのは賢明ではない。無理にそうすれば、チームはシニカルになり、やる気を失い、メンバーは「仕事のときだけ被る仮面」をつけて働くようになってしまう。

社員を幸せ(たいていの人にとって、それは複雑かつ自発的な心の状態だ)にすることに責任を持つ、「チーフ・ハピネス・オフィサー」という役職を設置している企業すらある。これを強く提唱していたザッポスの前CEOトニー・シェイは、社員をハッピーで前向きな文化にフィットさせるという考えに取り憑かれ、「ハピネス・アジェンダ」にコミットメントしない全体の1割の社員を解雇するつもりだとまで公言した。[18] これでは、私生活で悩みを抱えている、あるいはもともと内向的な人たちは、「自分が傍目からは十分に幸せそうに見えないのではないか」と不安になってしまう。

コメディライター、ジャーナリストのダニエル・ライアンズは著書『*Disrupted*』の中で、アメリカのテクノロジー企業で働いていた当時の笑うに笑えないエピソードを描いている。この本にはさまざまなディストピア的なシーンが登場するが、その極めつきは、毎日同僚たちが昼休みに集まり、腕立て伏せの回数を競いあっていた光景だった。ライアンズは、会社が声高にアピールするその意識の高い文化は、単に若者に燃え尽きるような働き方をさせるための方便にすぎなかったと回想している（会社は燃え尽きた社員は安い労働力で交換できることを知っていた）[19]。「それは未熟な若者の内輪ノリのような文化にすぎなかった。私は、企業文化に社員を当てはめるという考えは良いものではないと気づいた。少し立ち止まって考えてみれば、自分と同じような人間ばかりいる会社がつまらないと思うのは当然のことだ。会社に入れるべきなのは、自分とはまったく毛色の違う人間であり、幅広い才能や価値観を持つ人間なのだ」

企業が企業文化や企業哲学へのエンゲージメントを社員に強要することには、これほどの弊害がある。経営学の思想家リチャード・クレイドンは、「企業文化は表面的に模倣されることでしか生き延びられない」という皮肉な現実を指摘している[20]。社員たちは言われたことをこなしながら、同じ考えを持つ同僚と目配せをして、「やってられないよ」と愚痴をこぼす。クレイドンはこれを、哲学者のセーレン・キェルケゴールが「染みついた皮肉」と呼んだものと近いという。

大企業に均質的な企業文化を浸透させることは難しい。トップからのお告げだけでは、エンゲージメントは達成できない。必要なのは、もっと小さな種族的（トライブ）なものだ。会社レベルで強制するのではなく、小規模なチーム内での信頼関係を育む。従業員には各自の仕事に集中できる自発性が必要だ。チーム内や他チームとの連携についてのガイドラインを示す必要もある。チームは組織全体の中での自らの位置づけを理解し、メンバーの多様性を反映した強い個性を発揮しているとき、ポジティブな力や柔軟性を発揮できる。

だからこそ、この第2部「シンクロナイズ」では、チーム文化を改善する方法について深く掘り下げていく。強いモチベーションは、CEOからのメールではなく、チームがうまく協力することから始まる。

■目的の感覚を見出す

「なぜ働くのか」とあらためて誰かに尋ねたら、「お金のため」という答えが返ってくるはずだ。このように行為そのものの喜びのためではなく、報酬を得るために何かをすることは「外発的動機づけ」と呼ばれている（僕たちは友人の人生を「良い給料をもらっているか、立派な家に住んでいるか、休暇で贅沢な旅行を楽しんでいるか」といった外発的動機づけを基準にして判断してしまいがちだ）。ウーバーのドライバーがスマートフォンを操作して次の仕事を引き受けるのも、外発的な動機でそうしていることがわかる。彼らは運転が（必ずしも）好きだからではなく、家賃を払うために金を稼ぐ必要があるから働いているのだ。

一方、行為そのものの喜びのために何かをしたいと思うことを「内発的動機づけ」と呼ぶ。この動機は強力だ。看護師や教師が恵まれた給料をもらえなくても熱心に仕事に打ち込むのは、その仕事の価値を信じているからだ。チャリティーショップでボランティアをしている人たちや、オープンソースのコードを無償で書いているプログラマーも同じだ。内発的な動機づけがなければ、困難でやりがいのある重要な仕事の多くは、決して成し遂げられないだろう。

外発的動機と内発的動機の関係はデリケートだ。報酬を上げたり、業績に応じてボーナスを与えたりといった形で外発的に動機づければ、誰でもそれまでより身を入れて働くようになると思うかもしれない。だが、実際にはそれが逆効果になることもある。

それは、タスクの性質に大きく左右される。作家のダニエル・ピンクが「アルゴリズム的」と呼ぶ、「確立された手順に従い、唯一の方法で目的を達成する」タスクは、単純な外発的動機づけによって素早く、効率的に行われるようになる。「もっとたくさんの車を洗えば給料を上げる」「もっとたくさんケーキを焼けばボーナスを与える」などだ。

だが、タスクが「可能性を試し、新たな解決策を考え出さなければならない」という「ヒューリスティック」なものである場合には、外発的動機づけが裏目に出ることがある。[21] 心理学者のテレサ・アマビールが言うように、ヒューリスティックなタスクは、仕事から得られる最大の喜びを与えてくれる。脳をフル回転させ、思考し、創造し、想像し、問題を解決しようとするのは楽しい。だが、このタスクに取り組む人に間違った方法でインセンティブを与えると、それまでよりも懸命になるどころか、逆にやる気を失ってしまうことがある。

アマビールはこの謎を解き明かすために、美術のテストという創造性が求められる課題を用いた実験をした。被験者は2グループに分けられた子どもだ[22]（安心してほしい。彼女はフリードリヒ2世のような無茶な真似はしなかった。子どもにはご褒美が得られるチャンスさえあった）。課題を始める前に、一方のグループは、一番良い絵を描いた人にご褒美（内容は知らせない）が与えられると伝えられた。もう一方のグループは、これからアートの時間を始めるが、最後にくじ引きで誰かがご褒美をもらえると伝えられた。作業が終わり、両グループの子どもたちが作品を提出した。専門家による審査員チームは全員一致で、報酬を期待していなかったグループの子どもたちの作品のほうがはるかに創造的だと判断した。**報酬をちらつかせる外発的な動機づけを与えたことで、子どもたちの創造性はむしろ低下してしまったのだ。**

この結果はマーク・レッパーとデヴィッド・グリーンによる、いまでは教科書的な扱いをされるほど有名になった類似の実験によっても裏づけられた。レッパーらは、絵を描くことに興味を示している未就学児たちを3つのグループに分け、自由な時間を与えた。1番目のグループには、この自由時間で絵を描いたらご褒美をあげると伝えた。2番目のグループには好きなように時間を過ごさせたが、絵を描いた子どもには最後にサプライズでご褒美を与えた。3番目のグループは実質的な対照群で、好きなことをさせ、絵を描いた子どもを含めて何も与えなかった。

実験からしばらくして、各グループの活動を比較した。サプライズでご褒美を与えたグループとご褒美を与えなかったグループには行動に変化が見られず、自由時間のうちの約2割をお絵かきに費やしていた。だがご褒美というインセンティブを与えられた子どもは、以前の半分の時間しか絵を描かないようになっていた（この実験に選ばれた子どもたちは、もともと絵を描くのが好きだったことを思い出してほしい）。2週間後、再び子どもたちを観察したところ、前回インセンティブを与えられた子どもたちは、絵を描くことへの興味をさらに低下させ、絵を描く時間もずっと少なくなっていた。

これは何を意味しているのか？　それまでは純粋な喜びだったお絵かきという行為が、外発的な動機づけを与えられたことで「報酬を得るための仕事」のようなものに変わってしまったのだ。興味を持てなくなったクレヨンを寂しそうな目で見つめている子どもたちの顔が浮かんでくるようだ。インセンティブを与えられたグループの子どもが描いた作品は、楽しみのために絵を描いた作品よりも面白味がないと評価された[23]。お気に入りの遊び場が、味気ない場所に変わってしまったようだった。

趣味を仕事にしようとしているときは、慎重に考えてみるべきだ。アマビールの「創造性にとって内発的動機づけは有益で、外発的動機は有害である」という言葉を心に留めておいたほうがいい。

外発的な報酬のためだけに仕事をしていると、創造性が台無しになるだけではなく、不幸や鬱にさえつながる。ロンドンビジネススクールのダニエル・ケーブルによれば、「退屈で無意味だと感じている仕事をして外発的な報酬を多く得ている従業員は病気になりやすい」[24]。たとえばスムージーをあげれば相手が一生懸命に働くようになると思うのは妄想だ。人は報酬（スムージーであれお金であれ）だけでは自分の仕事を愛せない。動機がなんであれ、自分にとって無意味な仕事は無意味なままだ。

仕事から最大限のものを得たいのなら、役立たずの報酬を自分に投げ与えるのではなく、内発的動機づけで心をワクワクさせるべきだ。でも困ったことに、現代の職場には望ましい動機づけにとっての障害物が溢れている。集中して仕事に取り組み、目標を達成したいのに、環境にそれを邪魔される（気が散りやすいオープンプランの座席、度重なる会議、メールやインスタントメッセージの通知……）。仕事を楽しみたいのに、あらゆるものが共謀してそれを阻止しようとする（前述したように、こんなふうに仕事に集中できなくて困っている人に外発的なインセンティブを与えてもあまり有効ではないし、むしろ逆効果になることさえある）。

作家のダニエル・ピンクは、内発的動機づけが人をやる気にさせ、元気にさせ、自尊心を高めるのは、「自律性（autonomy）」、「熟達（mastery）」、「目的（purpose）」という3つの重要な要素が組みあわさっているからだと言う。自律性とは、仕事を自分の思うようにコントロールできていると感じること。熟達とは、以前に比べて仕事がうまくできるようになったという実感が伴う達成感のこと。目的とは、仕事を通じて社会や家族に貢献していると感じることだ。

「目的には2種類ある」とピンクは僕に言った。「1つは、大文字の〝P〟で始まる目的で、大きな意義のある何かに貢献しているという感覚をもたらすものだ。たとえば、自分が今日仕事をすることが、地球温暖化の解決に貢献している、世界の飢えや貧困に苦しむ人々に役立っている、と実感できること。これは個人レベルでも企業レベルでも、パフォーマンスを高める大きな効果があることがわかっている。

でも実際には、日々の仕事でこんなふうに壮大な目標を意識できることはめったにない。僕の場合も、自宅裏のガレージにある仕事場で1日を始めるとき、〝自分が今日これから取り組む仕事は、人類の化石燃料への依存を終わらせるために重要な役割を担っている〟とは思えない。もっと地味な、執筆という作業に取り組まなければならない。

もう1つ、小文字の〝p〟で始まる目的がある。これは、仕事を通じて、些細なことでもいいから何かに貢献しているという感覚だ。たとえば今日会社に出勤することで、誰かの役に立つことだ。同僚と挨拶をして、自分に与えられた仕事をし、困っているチームのメンバーがいれば手を貸す。今日1日働いたことで会社や人に貢献できた。世界の飢餓を終わらせることはできなかったかもしれないけど、小さな貢献はできた――そう実感できるということだ[25]」

誰かに貢献しているという「目的」の感覚を持つことは、仕事への積極的な関わりや献身を大きく促すことがわかっている。たとえば料理人は、自分の仕事を通して世界の飢餓問題の解決に取り組んでいるという実感は持ちにくいかもしれないが、それでも目的意識を持って働いている。そしてその小文字の〝p〟で始まる目的からは、とても大きな価値が得られる。

ハーバード・ビジネス・スクールとユニバーシティ・カレッジ・ロンドンによるレストランを1週間観察した研究によると、レストランのレイアウトを変えて、料理人から客の姿が見えるようにすると、出される料理の質が上がった（10パーセント良くなったと判断された）。また、客からも料理人の姿が見えるようにすると、さらに料理の質が上がった（17パーセント向上）。つまり、料理人は自分の仕事が貢献していることを実感できたときに、より良い仕事をした。研究を主導したライアン・ビュエルは「人に感謝されることで、仕事は有意義なものになる」と述べている[26]。

心理学者のアダム・グラントは、エンゲージメントにとって「誇り」（目的と所属意識の中間にあるものだと言える）が重要だと言う。仕事を人から尊重され、評価されていると感じたとき、誇りを持てるようになる。看護師や消防士は、自分の仕事が社会から必要なものだと認められていることを実感できるはずだ[27]（そのことで仕事のストレスや辛さが減るわけではない。それでも、誇りを感じていない仕事ではできないようなことが可能になる）。

ダニエル・ピンクが挙げた動機づけの3つの要因のうち、カギを握るのは「自律性」だ。誰かに指図された通りに働くのではなく、自分で仕事をコントロールしていると感じることはとても重要だ。ただし、皇帝フリードリヒ2世の実験に話を戻せば、自律性は、欲求の階層（マズローのモデルではなく、基本的な欲求として生理的欲求だけではなく所属と愛の欲求を置くモデル）の根底にある他者との関係性と注意深くバランスをとる必要がある。

これを仕事の世界に置き換えて考えると、自律性、熟達、目的だけでなく、「シンクロナイズ」（シンク=sync）が必要になる。

■「シンクロナイズ」の重要性

シンク（同期）とは何か？　それはカップルを結びつけ、痛みに耐える力を強くし、子どもたちを喜ばせて笑顔にし、同僚の仕事の速度を上げ、年金受給者がお互いを身近に感じ、禁煙と同じくらいの健康効果をもたらす。測定はできないが、その影響は定量化できる。シンクロナイゼーションとは、人間的で共感的なレベルでのつながりであり、信頼のもとでチームを1つにするものだ。

研究は、シンクが人に喜びをもたらすことを示唆している。シンクでは、お互いの動きを細かく一致させることもある。誰かと一緒に踊ったり、合唱団で歌ったり、スポーツチームを応援しているときに周りと同じような動きで喜びを表現したりする。このように他人と同じ動きをしているとき、人は恍惚感を覚えやすい。

このような高揚感を伴う瞬間以外にも、幸福感、所属感にはっきりとした影響を与える、穏やかで日常的なシンクの瞬間がある。1920年、ハーバード大学の心理学者フロイド・オールポートは、誰かと一緒に働く（作業が個人的なものだとしても）ことが生産性を向上させるという単純な事実を明らかにした。作業が遅い者も周りと同調するようにスピードアップすることが観察された。[28] 誰かと一緒に同じ運動をしていると、普段よりも強度を上げられることを体験した人は多いはずだ。僕もいまこの文書を書きながら、窓の外に手あわせ遊びをしている2人の子どもが見える。一致させる手の動きが複雑になるほど、子どもたちが熱中して楽しそうになっていくのがわかる。

人類学者のロビン・ダンバーはこの理由を、「同期だけでエンドルフィンが分泌されやすくなるが、集団でこれをするとさらに効果が高まると思われる」と説明している。周りと同調するとき、人は偉業を成し遂げやすくなるのだ。[29]

伝説的なミュージシャン、プロデューサーのブライアン・イーノは、2015年にBBCでの魅力的な講演の中で、シンクを感じることで他者への信頼感が高まるという考えを語っている。[30] それは、間接的なプロセスであることが多い。人は、誰かと初めて会ったとき、相手の意見をすべて紙に書き出してもらったりはしない。文化や共通の知人、ニュースなどの話をすることで、相手との考え方の一致点や相違点を少しずつ理解していく。イーノはバスに乗っていたとき、2人の女性がテレビのメロドラマ『コロネーション・ストリート』のあるエピソードで、登場人物の1人がレズビアンであることが突然明らかになるシーンを話題にしながら、活発に議論をしているのを耳にした。「テレビドラマを観たという共通の体験があるからこそ、大切な問題について話しあえるのだと気づいた」。イーノは歴史家のウィリアム・マクニールの、〝ダンスや行進、カーニバルなど、大勢が元気に同じ動きをすることがもたらす強烈な喜び〟についての研究にも触れた。

イーノの結論は、知的な動物である人間は、身体的・言語的な同期が生み出す信頼できる環境の中で平穏を見出すというものだった。「僕はこのことを、バスに乗っていた2人の女性を思い浮かべながら考えていた。そして、彼女たちがしていることは同期なのだと思った。現代は驚くほど変化のスピードが速い時代だ。1ケ月間に世界で起きるさまざまな変化は、14世紀全体に起きたすべての変化に相当するのではないかと思う。だから、1人で何もかもを把握することなどできない。車の世界で何が起きているかを知っている人はいる。医療や数学、ファッションの世界についても同じだ。だけど、あらゆることについて専門家のような知識を持っている人などいない。だから他人と同期し続けることが必要になる」

シンクが頻繁に行われる集団に属する人は、明らかにその恩恵を受けている。ダニエル・ワインスタインらによる合唱団を対象にした研究では、メンバーにエクササイズや禁煙と同等の生理的メリットがあることが示された。「合唱のリハーサルをしているメンバーは、安心感、つながり、ポジティブな影響、エンドルフィン分泌レベルなどがすべて上昇していた」[31]。合唱でシンクを体験していたメンバーは、痛みに耐える力が高まっていることも確認された。

そう、シンクはシンガーを肉体的に強くしていたのだ。絆をつくるには大きすぎるように見える規模の集団でも、一緒に歌を歌えば結束力を高められることも明らかになった。しかも、驚くほど早く達成できる。「たった1回の歌のセッションによって、面識のない個人から成る大きな集団には、知りあい同士の集団と同じレベルの絆が生まれていた」

合唱でのシンクは極端な例だと思えるかもしれない。だがこの原則は、あらゆる集団に当てはまる。周りから支援されている人は、そうでない人よりもストレスが少ない。信頼できる人が周りにいると、それはストレスに対する緩衝剤になる。遠くに離れて暮らしながら良好な関係を保っているアメリカ人夫婦を対象にした研究では、日常的な雑談が幸せのカギであることがわかった。一見すると些細なことに思える何気ない会話が、なんらかの都合でいまは離れ離れで生活している夫婦が幸福な結婚生活を送る秘訣だったのだ[32]。また、その主な目的が精神的な支援を与えあうことではない緩やかにつながる集団にも、ストレスを減らす効果があることがわかっている[33]。

人には、所属する集団が必要だ。互いにシンクしているとき、強く、元気で、協力的になれる。この第2部では、職場でシンクを実現するための8つの方法を見ていく。

シンクロナイズ
1

コーヒーマシンの場所を動かそう

■「アイデアのフロー」をどうやって起こすか？

庭でアリを観察しているみたいに、オフィスで働く大勢の人たちを上から眺めているとしよう。ビデオゲームの『シムピープル』の熱狂的なファンよろしく、このゲームのオフィス版をプレイしているつもりで、世界中の職場で繰り広げられている雑談や会議の様子を覗く。こっそりいちゃついている男女の社員もいるかもしれない。

ＭＩＴのアレックス・ペントランドの先駆的な研究のおかげで、現在ではこれに近いことができるようになった。ぼさぼさの灰色の頭髪と、長いボストンの冬を耐えるのに役立ちそうなぶ厚いあごひげを蓄えた、口調の穏やかで愛嬌に満ちたペントランドは、その天才的なひらめきで、既存の2つの技術を組みあわせ、ビッグデータと心理学を融合させた「社会物理学」と呼ぶ画期的で強力な新分野向けの研究ツールを開発した。

建物の入退室管理に用いられるIDバッジとスマートフォンにも搭載されているような技術を組みあわせてソシオメトリックバッジを開発し、従業員がいつどこにいたのか、誰と話していたのか、さらには声の抑揚から、何かを尋ねているのか、それとも相手の質問に答えているのか（マイクの性能が向上したことで実現できた）といった細かな情報も集められるようになった（ただしプライバシーを守るため、マイクは会話の内容ではなく、声のトーンのみを録音するように設定されている）。

このシステムによって記録した膨大な量のデータ（6ミリ秒ごとに更新される）を、さまざまな産業で働く従業員の仕事の記録と結びつけることで、職場で実際に起きていること、コミュニケーションの内容、生産性が最も高いときと場所、アイデアがどのように人から人へと伝達しているかなどを正確に記録することができるようになった(1)。

ペントランドの研究は、「メールは非常に価値のあるコミュニケーションツールではあるが、それが生産性に及ぼす影響はそれほど高くはない」という事実を明らかにした。これは「リチャージ7」と「リチャージ10」で説明したことを考えれば、それほど驚くには当たらない。メールは生産性や創造的なアウトプットとはほとんど関係がなかった。[2]

さまざまな組織の成功を左右する大きな要素は、新しい考えが人から人へと伝わっていく「アイデアのフロー」だった。このアイデアの流れは、何気ない日常の会話（会議ではなく）で広がっていく。銀行やコールセンターでは、さまざまなグループの生産性を向上させる改善策の約4割が、日常的な会話から生まれていたことがわかった。[3]「非公式の対面での会話を通した社会的学習の機会の数が、企業の生産性における最大の要因であることを発見した」とペントランドは結論づけている。[4]換言すれば、集団内で同期を高める方法に時間を費やせば、それはグループの生産性を4割も上げることにつながる。これに対し、メールは生産性にほとんど影響を与えていない。

向上したのは生産性だけではなかった。ペントランドは、最高のアイデアはパソコンに張りついている1人の天才からではなく、複数の人間が議論をする中から生まれやすいことも明らかにした。「データは、イノベーションはたいていの場合、集団的な現象であるという事実を示唆している」。最初は1人で集中して考えていても、やがて立ち上がって誰かにそのアイデアについての意見を聞くようになる。「最もクリエイティブなのは、さまざまな人からアイデアを集め、一緒にあれこれと自由な議論をし、それを他人にぶつけて意見を聞く人たちだ」

■斬新なアイデアは「セッション」から生まれる

オフィスでは、荒削りなアイデアを優れたコンセプトに変えるのは小さなコミュニケーションだ。相手が一瞬浮かべた怪訝な表情から、新しいアイデアをもう一度練り直す必要があることを察する。相手がこちらを励ますような笑顔を浮かべたり、目を大きく開いて頷いたりしているのなら、そのアイデアはうまくいくかもしれないと期待できる。ペントランド（彼が開発したバッジによって、社員がある同僚から別の同僚のところに移動するのを確認できる）は、建設的な方法でアイデアを改善していく人は、即興で演奏するミュージシャンと似ていると言う。「ジャズの演奏みたいに、互いにリフを弾いて、反応しあう。良いセッションをするには、まずは自分からいい投げかけをしなければならない」

職場での会話は新しいアイデアの源泉になる。ペントランドは、あらゆる方法でそれを促すべきだと考えている。オフィスで自然に会話が生まれるかどうかは、レイアウトが大きく影響している場合が多い。ある会社では、ランチ用のテーブルを長くしただけで、生産性が上がった。昼食時に、他の部署の同僚と雑談をする機会が増えたからだ[5]（「リチャージ8」を参照）。ある銀行では、カスタマーサービス部門がオフィスの隅の孤立した場所で仕事をしていた。他の部署の社員がその脇を通りすぎることはめったになく、結果として、プロジェクトを遂行するために必要な他部門との意思疎通を欠くことも多かった。「そこでこの銀行は座席位置を変え、全部門が1ケ所で仕事をするようにした。以前は孤立しがちだったカスタマーサービス部門の社員も、他部門とうまく連携がとれるようになった」

ペントランドの仕事は、彼の下で学んだ者たちに引き継がれ、さらに広がっている。教え子であるベン・ウェイバーもスタートアップのヒューマナイズ社を立ち上げた。同社はソシオメトリックバッジを用いてオフィス内での社員の働き方を分析し、「チームは効果的にコラボレーションしているか」、「コミュニケーションのボトルネックはどこにあるか」などの視点から改善点を見つけるサービスを企業に提供している。

ペントランドと同じく、ウェイバーも企業がとるべき改善策はごく単純なもので十分な場合が多いと気づいた。管理職は社内のコラボレーションを促そうとして組織編成のために何日も費やす。にもかかわらず、ウォーターサーバーや湯沸かし器などの社員が集まる重要ポイントのことはほとんど考えない。ウェイバーは、これは大きな間違いだと言う。「コーヒーマシンをどこに設置するかは、組織図と同じくらい社内のコミュニケーションに影響を与えている」[6]

では、コーヒーマシンはどこに設置すればいいのか？　それは目的次第だ。「あるグループのエリアにマシンを置けば、グループの内側に意識が向き、結束力が強まる。2つのグループのエリアの中間にマシンを置くと、両グループの間の会話が増える。どちらを望むかによって、マシンの設置場所を変えればいい」

ウォーターサーバーやコーヒーマシンを動かせない職場もあるだろう。その場合は、同じ給湯室を共有するように複数のチームの座席の位置を近づけるという方法もある。複数チームのエリアの中間にある休憩エリアにニュースやスポーツ中継の番組を映すテレビを置いている会社もある。どのような方法をとるにしても、ペパーミントティーを飲みながらのおしゃべりは、あなたの会社の次の大きなアイデアの源になるかもしれないことを忘れないようにしよう。

まとめ

- 社内での会話を促そう。会話は「シンクロナイズ」（同期）を実現するための効果的な方法であり、実行も簡単だ。
- 複数のチームの座席位置を近づけるといった小さな変更でも、コラボレーションや信頼、創造性は高められる。
- ウォーターサーバーや湯沸かし器の位置を移動するのは、交流を促したい社員を近づける良い方法だ。それができない場合は、座席そのものを変更して、社員が集まりやすい場所を変えることを検討しよう。
- テレビやソファなどを置くことで、社員が集まって会話が始まるようなスペースをつくってみよう。

シンクロナイズ
2

コーヒーブレイクを提案しよう

■もっと同僚と「仕事の話」をしてみよう

「シンクロナイズ1」では、テクノロジーを職場の改善に活用する「ワークテック」のパイオニアであるヒューマナイズ社のCEOベン・ウェイバーの仕事に触れた。同社はソシオメトリックバッジを用いて職場の問題点を見つけ出し、企業に改善策を提案している。

ウェイバーは、ヒューマナイズがバンク・オブ・アメリカ社のコールセンターで行った実験的な試みについて話してくれた。コールセンターは資本主義を突き詰めたような場所だ。すべては生産性を最大化することが中心になっている。フロアに配置した数千人ものオペレーターにできる限り多くの電話に対応させるにはどうすればいいか。しかも、問いあわせをしてきた人に満足のいく解決策を提示する必要がある。日々、そのような課題と向きあわなければならない。

コールセンターのオペレーターのような個人主義的な仕事には、チームワークや共感的な「シンクロナイズ」、アイデアのフローを促すようなチーム内のコミュニケーションは不要なのではないかと思うかもしれない。実際、ウェイバーたちが観察したコールセンターのオペレーターは孤立していた。毎日、電話の応対の合間に午前と午後の1回ずつ、1日2回の休憩をとる。それぞれが別の時間帯に休憩をとり、休憩室でお茶やコーヒーを飲んでから、電話が鳴り響くオフィスに戻っていく。

ウェイバーたちは、この職場のシステムを変更し、個別ではなく、チーム全体で休憩をとるようにした。メンバーは全員が集まって、15分間の休憩時間を、絶え間ない質問や苦情の嵐から離れて過ごせるようになった。その結果はどうだったか？

そのうちの1つは、特別な驚きを与えるものではなかった。ウェイバーは言う。「グループの結束力は18パーセント高まった。これはチーム全員が同じ時間に休憩をとることによって予測された効果だった」。だが、銀行の経営陣を驚かせたのは他の影響だった。まず、ストレスレベル（「シンクロナイズ1」で説明したソシオメトリックバッジのセンサーで測定する）が

19パーセント低下した。これは回答が難しい電話について同僚と話せるようになったことが大きい。第二に、15分間のコーヒーブレイクを全員でとるというコストゼロの改善策が実施されたことで、チームの生産性は23パーセントも上昇した[1]。つまり、コールセンターを「シンクロナイズ」させる方法を導入したことで、生産性は4分の1近くも上がったのだ。

もちろん、これはよく考えてみればとても明白なことに思える。

コールセンターのオペレーターは、キツい苦情電話に対応しなければならない。温かく穏やかな口調で喋る相手はめったにいない。オペレーターのストレスは他の職業の平均値をはるかに上回り、会話を終えると消耗してしまう。電話口の相手は、家族や友人などの親しい人には見せないような激しい怒りをぶつけてくる。返金を求める人、無料のサービスを求める人。それは格闘ゲームを初めてプレイするときに、どんな動きをするかはわからないけど、とにかくボタンを手当たり次第に押すのと似ている。苦情電話をかけてくる人は、あの手この手を使って自分の要求を通そうとしてくる。

以前、バラバラに休憩をとっていたとき、オペレーターは1人でカフェテリアや休憩室に行き、知りあいのいないその場所で15分間じっと座り、携帯電話の画面をスクロールし、コーヒーを飲むと、直前の会話で電話口から聞こえてきた怒鳴り声がまだ耳に残っている状態で、コールセンターの広大なフロアに戻っていた。しかし、同じチームの全員で休憩をとるようになってからは、たったいまの電話の内容について同僚と話せるようになった。帰宅してパートナーに話すには退屈すぎ、夕食を共にする友人に話すには重たすぎる内容だが、同僚になら気兼ねなく話せる。

■スウェーデン式休憩術「フィーカ」

シンクロナイズの力が発揮されると、ストレスレベルが下がっただけでなく、有益で生産的なアイデアが交わされるようになった。「ああ、同じような電話を受けたことがあるわ。そのときはこんなふうに対応したの。試してみたらどう？」といった会話を通じて、メンバーはアドバイスを与えあうことで、直面している問題を解決できるようになっていった。ウェイバーらの試算によれば、23パーセントの生産性の向上は、オペレーターが10年分の経験を積むことに相当する。(2)

もう1つ、とても重要なポイントがある。それは、これらのコミュニケーションが自発的なものだったということだ。ウェイバーは、チームミーティングではこれと同じレベルの同期（あるいは、ウェイバーがよく口にする「結束力」）は達成できないと指摘する。オペレーターたちの会話は自然発生的なものだったからこそうまくいったのだ。

コールセンターのエピソードからは、あらゆる職場に当てはまる創造性に関する教訓が得られる。同僚からのアドバイスを参考にして苦情電話に対処するためのより良い方法を見つけたオペレーターは、創造的な思考のひらめきを得ていた。人は創造性(クリエイティビティ)という言葉を耳にすると身構えがちだが、実際には役所であれスーパーマーケットであれ法律事務所であれコールセンターであれ、創造性とは目の前の仕事をうまく行う方法を見つけることなのだ。

休憩をみんなで一緒にとると大きなメリットがあると伝えても、スウェーデン人は驚かないだろう。この国では、「フィーカ」の効果が昔からよく知られてきた。フィーカは「コーヒーを飲みながらケーキなどの甘い物を食べること」という意味として理解されることが多く、15分間程度の短いコーヒーブレイクの形がとられることが多い。だけど、それはカフェインと糖分をとること以上に精神的なものでもある。

ボルボの工場のような企業もフィーカのために生産を一時停止し、リフレッシュする時間をとっている。IKEAのウェブサイトでは「フィーカは単なるコーヒーブレイクではなく、社員同士が情報を交換し、結びつき、寛ぐための時間です。この時間に、最高のアイデアや決定がよく起こります」と説明されている。フィーカは同僚と一緒にとるだけではなく、1人で気楽に楽しむこともできる。スウェーデン人はフィーカを、いったんペースを落とし、物事を振り返る時間だと考えている。

現代版のフィーカとして、地元のコーヒーショップまで社員同士がおしゃべりをしながら歩くという方法をとっているスウェーデン企業も多い。コーヒー休憩をとることに罪悪感を覚える人もいる。給湯室で飲み物をつくって席に戻るだけなら問題ないが、15分も寛ぐと、怠けているような気分になるのだ。でもフィーカは、気分転換し、ひらめきをもたらし、元気を回復するための素晴らしい方法だ。

みんなで休憩をとることでメリットがあるのはコールセンターだけではない。チームで午後のお茶の時間をとる、近くのコーヒーショップまで話しながら歩く、どんな方法であれ、フィーカはチームを同期させるための良い方法になる。

まとめ

- みんなで休憩をとるための実験をしてみよう。周りの人にコーヒーブレイクをとることを提案する。コーヒーショップまで一緒に歩いて飲み物を買いに行くのもいい。オフィスの別のフロアにある給湯室に行ってもいい。週に2、3回、意識的に休憩をとり、その効果を金曜日に振り返って記録してみよう。
- 忙しくて仕事から手が離せないと感じているときに、あえて誰かと休憩をとってみよう。ストレスや疲れがピークにあるときほど、休憩がよく効くという人もいる。

シンクロナイズ
3

会議時間を半分に減らそう

■その会議は、本当に必要なのだろうか？

まるで禁酒法時代のアメリカの一場面だった。スマートだが目立たない服装をした３人の会社員が部屋に入り、そっとドアを閉じる。ガラス張りの仕切りの向こうを何度も気にしながら、まるで警察に追われていないのを確認するみたいにこっそりと席に着く。１人が隠していた銀色の機器を取り出してゆっくりと蓋を開ける。丁寧につくり込まれたパワーポイントのスライドが静かに表示される。「安全だ。やっぱり、これが正常なことだ――」。３人は安堵のため息をつき、身を乗り出して真ん中に置いたノートパソコンの画面を見つめる。その瞬間、バン！　と大きな音が鳴り、ドアが開いてＦＢＩの捜査官たちが勢いよく部屋に入り込んでくる。そして、３人は逮捕された。

これは現代のオフィスライフの比喩なのだろうか？　まあ、そう言えなくもないが、こんなふうに社員が人の目を逃れるようにしてこっそり会議をしようとするのは、デヴィッド・サックスが最高執行責任者（ＣＯＯ）だった時代のペイパルではよく見られた光景だった。サックスは潜りの酒場を探す禁酒法時代の警官のように700人の従業員が働くオフィスを歩き回り、会議室のドアをノックもせずに押し開けると、不要だと思える会議を片っ端から中断させた。当時のペイパルの社員は、サックスが「反会議のカルチャーを広めた」と回想している。

３、４人以上での会議はどれも疑わしいと見なされ、非効率的だと判断されれば、直ちに延期に追い込まれた。[1] サックス自身の説明によれば、社内で会議が横行している理由は、直前に行われた買収の結果、会社が必要な数の倍以上の管理職を抱えていたからだという。管理職の人間は、新たな権力構造の中で自らの重要性をアピールするためだけに会議を開いているのだ、と。[2]

ペイパルのケースは特殊なのかもしれない。だが、サックスが目の敵にしていた「無駄な会議」そのものは、特別な現象ではない。現代の企業の大きな課題は、社員の能力を適切に評価することだ。人の職業上の力量は、どうやって測ればいいのか？　日々の仕事ぶりや提案したアイデア、チーム内での協力的な態度などが対象にされるべきだ。だが実際には、会議での話しぶりやプレゼンのうまさで能力が判断されることが多い。**実際には、会議での振る舞いと生産性との間にはほとんど相関関係がないにもかかわらず、だ。**

たしかに、みんなで集まって進行中のプロジェクトについて話しあえば、やる気が湧いたり生産性の高い仕事をしていると感じたりすることはある。だけど、たいてい会議は退屈で心を消耗させるものだ。

広告界の伝説的人物ロリー・サザーランドは、大勢の他人と一緒に同じ部屋で長々と過ごすのは賢明な時間の使い方ではないという疑問を持っていて、過去の時代をこんなふうに振り返っている。「1980年代当時、広告業界で働いていると、手持ち無沙汰な時間がたくさんあった。スタジオに被写体を準備したら、あとは撮影が終わるのを待たなければならなかった。写真が出来上がってきたら、今度はレタッチが終わるのを待たなければならない。だから、よく時間を持て余した。ご多分に漏れず、こうした時間のほとんどは無駄にすぎていった。8割は無駄だったと思う。だけど、残りの2割は実に価値のあるものだった。そんな時間がなければ起こらなかったような会話ができたからだ。現代の我々はもう一度、余白の時間を持つことの価値について考えてみるべきだ。テクノロジーやメールはあっという間に普及したので、それを使いこなすためのマナーやルールが未整備なままだからだ(3)」

■「問題の解決」を最優先しない人たち

なぜ、会議はこれほど非生産的なのか？　それを理解するのに役立つのが、人間力学をテーマにした興味深い実験だ。マシュマロを用いた科学実験には、よく知られているものが2つある（科学者はたぶん、この柔らかい食べ物にたまらない魅力を感じているのだろう）。そのうちで有名なのは、「マシュマロテスト」と呼ばれる実験のほうだ（被験者の子どもは、マシュマロが載った皿が置かれたテーブルのある部屋に1人で残される。その際、「マシュマロはいますぐ食べてもいいよ。でも、5分間食べるのを待てたら、もう1つマシュマロをあげるよ」と指示される。追跡調査の結果、目の前にあるマシュマロを食べるという快楽を5分間先送りすることができた子どもは、その後の人生においてさまざまな側面で成功しやすいことがわかった）。もう1つの実験は「マシュマロチャレンジ」と呼ばれるゲームを用いたものだ。これが、会議での権力争いのメカニズムを僕たちに教えてくれる。

これは、PDA機器「パームパイロット」のデザイナーとして知られるピーター・スキルマンが、グループでの問題解決方法を模索する中で考案したチャレンジで、とても簡単に準備ができる。[4]参加者はチームに分かれ、「18分間以内に、乾燥パスタ20本、長さ1メートルの粘着テープ、1メートルの紐、マシュマロ1個を使って、てっぺんにマシュマロが載せられた、できるだけ高いタワーをつくる」という課題に挑む。

簡単だと思うかもしれないが、実際にはチームによってアプローチの仕方や成功の具合は大きく異なる。スキルマンの実験の場合、最も成績が良かったのは意外にも幼稚園児のチームだった。そして最も成績が悪かったのは、とても熱心に課題に取り組んだビジネススクールの学生チームだった。このチャレンジに詳しい心理学者のトム・ウージェックは、チームでこの課題に取り組むときに何が起こるかを説明している。「まずメンバーはどんなタワーをつくるべきかについて議論する。それは、誰の案を採用するべきかという権力争いになる。意見を調整し、材料のパスタを並べ、制限時間のかなりの時間を使って構造物をつくっていく。タワーはどんどん高くなる」。これは、一般的な会議の進行ととても似ているように思える。「最後に、時間が迫ってきたところで、誰かがマシュマロを手に取り、慎重にタワーの上に置く。〝ジャジャーン〟。メンバーは自分たちの仕事を賞賛しようとする。だけど、多くの場合、〝ジャジャーン〟は〝あ〜あ〟に変わる。マシュマロの重みでタワーが倒れてしまうからだ」。そして、ここでタイムアップになる。

一方、就学前の子どもたちは、なぜこのチャレンジをうまくできたのか。しかも、そのタワーは高いだけではなくて構造物として面白味のあるものになっていた。スキルマンは「子どもたちは権力争いに時間を費やさなかった。誰も〝パスタ株式会社〟のCEOになろうとはしなかった[5]」と説明している。子どもたちは言葉を使わずに頻繁に意思疎通を図っていた。すぐに材料を手に取ると、さまざまなことを試し（スキルマンはこれを「アイデアのプロトタイピング」と表現している）、自分の行動をあまり言葉で説明しようともしなかった。頑丈ではないタワーを重みで倒してしまうのはマシュマロの真ん中にある砂糖の塊であり、雲のようにフワフワした部分ではないこともすぐに理解した。

対照的に、ビジネススクールの学生たちは、1つの正しい答えを探すべきだという考えで頭がいっぱいになっていた。また、グループ内で自分の意見を押し通そうとすることにも労力を注いでいた。全員、完璧な正解を見つけ出す天才か、グループのリーダーになりたがっていた。その結果、与えられた材料でどれだけ高いタワーをつくるかという問題解決に取り組むべき場が、各人がグループ内での頭の良さを競いあう場に変質してしまっていた。**会議もこれと同じパターンに陥りがちだ。参加者は問題を解決しようとしながら、グループ内でのポジションを争っている。**

■「会議シンパ」が力説するお決まりの反対意見

一流レストランで働くという夢を追いかけるためにツイッターでの輝かしいキャリアを捨てた僕の元同僚も、マシュマロチャレンジの現実版に遭遇している。国際的に名が知られる料理学校「リーズ」に入学した彼女は、生徒が自然と年齢別の3つのグループに分かれていることに気づいた。19歳から20歳の高校を出たばかりの若者が中心のグループと、30歳前後が多いグループ、40代と50代のグループだ。彼女は生徒の年齢が上がるほど、学ぶのに時間がかかっていることに気づいた。これは年齢と共に認知能力が低下しているからではなかった。年齢の高いグループは、若者のグループと同じくらい熱心に料理を学びたがっていた。問題は、年配者のグループがあらゆることを議論し、分析しようとすることだった。**メンバーが無意識のうちに自分の社会的地位を争っているグループは、学習能力を低下させるのだ。**

繰り返すが、人類学者のロビン・ダンバーは人間が相互に信頼関係を築ける集団の規模はせいぜい150人にすぎない（これは「ダンバー数」として知られている理論だ）と言っている。この上限に達すると集団内で過ごす時間の42パーセントは「ソーシャルグルーミング」（社会的毛づくろい）に費やされる。つまり、周りの人と信頼関係を築き、それを維持しようとすることだ。メールの話でも触れたように、会議はこのソーシャルグルーミングにとっては効果的だ。複雑に絡みあった仕事上の人間関係の中で、他人との関係をうまく保つのに役立つのだ。

キャス・ビジネス・スクールのアンドレ・スパイサーはこう説明している。「会議は社員の人間関係を滑らかにする。これは毛づくろいの儀式のようなもので、猿がお互いの背中からノミをつまみ出すのと同じ効果がある[6]」。問題は、会議が人間関係の維持には役立つかもしれないが、ビジネスの側面から考えるととても非生産的であるということだ。

ここで、お決まりの反対意見がやってくる。会議には良いものも悪いものもあるから、一概に時間の無駄だと考えるのは間違っているというものだ。そう主張する人はたいてい、議題と目標をはっきり定めておけば会議は有用なものになると力説する。なぜなら、ビジネススクールでそう教わってきたからだ。この手の自称会議通は、ほぼ例外なく、参加者のエネルギーを吸い取るような悲惨な会議を主催している（おまけに、他の参加者がやる気をなくしているように見えると、ささやかな報復として会議での電子機器の使用を禁止する）。

僕自身、この手のビジネススクールに影響を受けた会議を嫌というほど経験して、それが他より優れているのは嘘だということを、身をもって理解している。このタイプの会議は、真面目すぎて疲れてしまうものが多い（「リチャージ8」で指摘したように、自己制御は精神的に負担になりやすい）。

つまり、誰が議長を務めていようと、会議が生産的だという証拠は少ない。ヒューマナイズのベン・ウェイバーも、会議は優れたチームに不可欠な「結束力」を生み出さないと主張している。「分析の結果は明らかだ。正式な会議も、デスクでの会話も、結束力を高めない」。職場の生産性についての先駆的な研究をしているレスリー・パーロウ（「リチャージ9」を参照）も、「人は会議を、生産的な労働環境を維持するために払わなければならない〝税金〟のようなものだと見なしている」と述べている。「みんな、会議のために自分の時間とエネルギーを犠牲にすることで、会社のために最善を尽くしていると思い込んでいる」のだという[7]。これは典型的な会議を見事に表現している。もちろん、未来の働き方で求められるのが創造的になることであるのならば、思考するための貴重な時間や労力に税金をかけるのは良いことではない。

■数字やファクトで会議を減らしてみる

会議が最悪なのは、1日のうちで最も生産的で革新的なときに限って行われることだ(「リチャージ1」を参照)。僕たちは会議のために自分のベストの時間帯を捧げ、創造的な仕事を昼休みや夜に押し込んでいる。その結果、帰宅途中に重要な電話をかけたり、キッチンのテーブルでノートパソコンを広げて重要書類を作成したりする。集中して仕事ができる時間が他にないからという理由で早朝から出勤している人は、それがどれだけ消耗することかをよく知っているはずだ。

現代の職場には障害物が溢れていて、油断しているとすぐに集中できなくなる。会議室にじっと座り、自分とは直接関係のないテーマのプレゼンを20分間も聴き続けるのは簡単ではない。一度なら耳を傾けてもいいが、何度も聞かされるのは苦痛だ。だから優秀な人でも、誰にも注目されていないと思えば携帯電話を取り出してメールを確認したりする。そして、オフィスでの行動は伝染しやすい。特に、上司の行動にはそれが当てはまる。上司が会議でマルチタスクを始めると、部下がそれを真似する可能性は2・2倍も高くなる。[8]人は自分たちが思っているほどマルチタスクが得意ではなく、マルチタスクの生産性は低い（「リチャージ7」を参照）。

簡単に言うと、会議は人数を少なくし、時間も短くすべきだ。できるだけ少ない人数で速やかに意思決定をして、そのプロセスを他のメンバーにもわかるように伝えることだ（〝徹底した透明性〟を掲げる投資会社のブリッジウォーター・アソシエイツでは、すべての会議の内容を記録していて、参加者以外もそれを知ることができるような仕組みになっている）。焦点も絞るべきだ。たとえば、ある研究では次のように結論づけている。「問題の解決や行動計画の作成など、特定の目標を持って会議に臨んでいたチームは満足度が高かった[9]」。明確な方向性を持って集中して会議をすることはたしかに有効だ。

とはいえ、僕たちができる最善の方法は、会議の時間をこれまでの半分にすることだ。会議を自己アピールに時間が費やされる非生産的なソーシャルグルーミングの場にしてはいけない。時間を短縮すれば議論に集中するようになる。ダラダラと長時間行うときにはない緊迫感も生まれる。

スケジュールに定例会議の時間を仮押さえしておき、特に話しあうことがなければ開催を取りやめるという方法を採っているチームもある。会議が中止になれば、メンバーは解放感を味わい、その分の時間を自分の仕事に費やせる。

イギリスの大手電力会社では、会議をするかどうかを投票で決めることを検討しているという。つまり、その週に起きた出来事は全員ですぐに共有すべきほど重要ではないと社員の過半数が判断すれば、会議は開催されない。会議にかける無駄な時間をできる限り減らそうという試みだ。

もちろん、上司がこうした考えを持っていない限り、社員にできることはそう多くはない。社内の物事の進め方を変えるための議論を始めるのは簡単ではない。それでも、穏やかな方法でそのチャンスを探ることには価値がある。会議のあり方についての議論を始めることができるのなら、各種の研究結果を提示してみよう。会議を減らせば生産性を上げられるというデータを示せば、僕の経験から言って、改善が実現されるチャンスは十分にある。会議でのパワーポイントを禁止する(「バズ8」を参照)だけでも効果が得られることがある。箇条書きの細かな文書がぎっしりと書き込まれたスライドを使わないだけで、参加者は迅速に、より会話的な方法で要点を理解できるようになる。

人生で僕たちを確実に待っているのは死と会議だけだ。勇気を出して、会社の会議のあり方を変える変革者になろう。

まとめ

- 質問をすることから始めよう。会議の主催者に、時間を短縮できないか尋ねてみる。自分が主催者なら、今週は会議が必要だと思うかどうかを参加者に問いあわせてみる。質問をすることで、他の人たちも、それまでは交渉の余地がないと考えていたかもしれないことに疑問を持つようになる。
- 多数決によって会議を行うかどうかを決めるシステムを導入することを上司に提案してみよう。この方式を採用している会社では、会議を取りやめても、代わりにデスク脇で会話をすることで同じ目的を達成でき、かつそのほうが柔軟で活気に満ちたものになりやすいことを発見している。
- チームでマシュマロチャレンジをすることを提案しよう。用意するのは1チームにつき乾燥パスタ20本と各1メートルの粘着テープと紐、マシュマロ1個。各チームは18分間の制限時間内にできるだけ高いタワーをつくる。てっぺんにはマシュマロを載せなければならない。このチャレンジを通じて、チーム内での意思決定の方法についてどんな教訓を学べるだろうか？（このチャレンジに取り組んださまざまなチームがどんな成績を残したかについては、原注[10]を参照）

シンクロナイズ

4

ソーシャルミーティングをしよう

■過小評価されがちな「社内での交流」

会議の時間は半分にするようにと言っておいて、定期的なイベントを新しく設けるべきだと提案するのは、矛盾していると思うかもしれない。でも、ソーシャルミーティングを定例行事にすることは、チームをシンクロナイズさせるための最も効果的な方法だ。

僕たちはレポートやメール、プレゼンテーションなどがパフォーマンスの指標であり、コーヒーマシンの前で同僚と立ち話をするのは非生産的だと考えている。自分の飲み物をつくると、いつまでも話を続ける同僚を横目で見ながら（油を売ってないでもっと真面目に仕事したら?）と心の中でつぶやき、重要なメールを書くために急いでデスクに戻った経験がある人は多いだろう。

でも、ベン・ウェイバー（「シンクロナイズ1」で紹介した、ソシオメトリックバッジを用いた分析を行うヒューマナイズ社のCEO）は、その考えは間違いだと言う。オフィス内で白い目で見られているカジュアルな会話が、職場の生産性に大きな影響を与えていることをデータが実証しているからだ。「僕たちが組織をつくるのは、自分1人ではできないことが可能になるからだ。そのためには協調が必要だ。効果的な協調ができていれば仕事上の重複が減り、同じ仕事を繰り返さなくてすむ」とウェイバーは指摘する。非公式な会話を奨励しないのは、そもそも人と人とを結びつけるという会社の存在理由に反している。

ウェイバーは、対面コミュニケーションは職場の生産性を高めるための重要な要素であるにもかかわらず、過小評価されていると考えている。たとえば、遠隔地で1人で働くソフトウェアエンジニアは、同僚と定期的にコミュニケーションをとっているチームの他のエンジニアよりも仕事が遅く、貢献度も低いことがわかった。「ある開発者が書くプログラムコードは、大勢が書くコードに依存している。だから密なコミュニケーションがなければバグが生じやすい」。数十年分に相当するデータを分析した結果、ソフトウェアエンジニアがリモートワークで働くことで生じるマイナスの影響も定量化した。「他のメンバーとの意思疎通を欠くことで、遠隔地で働くソフトウェアエンジニアはコードを完成させるのに他よりも32パーセントも長くかかっていた」[1]

数年前、インターネット企業のヤフーは、同業他社が実践していないという理由で在宅勤務を禁止した。ウェイバーは、これは正しい判断だが、理由は間違っていると言う。つまり、ヤフーは、「リモートワーカーはチームのメンバーと話す機会が極端に少なくなる」ことを理由にすべきだったというのだ。ヒューマナイズのデータははっきりとそれを裏づけている。リモートワーカーが他のメンバーとコミュニケーションをとる回数は週に平均で7、8回なのに対し、オフィスワーカーは38回だ。ウェイバーは、これではすべてを台無しにすると言う。仕事は捗らず、質は落ち、コストは上がる。

つまり、コミュニケーション(正式な会議ではなく、非公式の自然発生的な会話)を頻繁にとることは、企業にとって極めて大切な潤滑油になる。それは社員を同期させる。問題は、それを確実に実現するための最善策は何かということだ。

■〝ティータイム〟でジャック・ドーシーをからかう

その難しさを、身をもって体験したのがマーガレット・ヘファーナンだ。その柔軟なリーダーシップを証明するかのように、これまでに5社でCEOを務めた経験がある(最近ではビジネス分野の講演もしている)彼女は、あるとき新しい会社のCEOに就任するためにイギリスからアメリカのボストンへと拠点を移した。

現地では、社員の交流の方法が以前の会社とは違うことに気づいた。「私はまずこの会社で、求められていることをした。つまり優秀な人材を集め、難しい課題を与えたの。社員はみんな、朝出社すると真面目に働き、夕方になると家に帰っていった。でも、私には何かが足りないように思えた。それはたぶん、この会社で働くことが楽しいという雰囲気だと思えた。イギリスで経営していた会社の雰囲気とはまったく違った。何が問題なのかわからなくて頭を悩ませた。このよそよそしく、堅苦しい雰囲気の原因は何だろう?」。必死になって考えた末、とても単純な理由を思いついた。「イギリスの会社では、社員は仕事を終えると、ほぼ毎日、特に金曜日には確実に、みんなでパブに繰り出してビールを飲みながら、ロンドンのひどいラッシュアワーの混雑が収まるのを待っていたの」

このことがきっかけで、ヘファーナンはいま振り返ると馬鹿馬鹿しいほどシンプルなアイデアを実行することにした。それは、毎週、懇親会を開くこと。毎週金曜日の4時半になると、誰もが仕事を中断して同じ部屋に集まる。メンバー数人が立ち上がり、自己紹介や、担当しているプロジェクトの説明をする。最初、この懇親会は「とてつもなく、ぎこちなかった」。それにもかかわらず、ヘファーナンはこの会を続けた。他に打つべき手を思いつかなかったからだ。そして回を重ねるごとに、気まずさや戸惑いは過去のものになり、社員はリラックスし、自然と会話も弾むようになった。社内には絆が生まれた。

最後には、社員全員がこのソーシャルミーティングが会社を根本から変えたと感じるようになった。「どんな組織にとっても、その存在意義は〝1人ではできないことができること〟よ。でも、そのためにはメンバーが互いに献身的でなければならない。信頼しあい、相手を好きになって初めてうまくいくの」[2]。この言葉は、シンクロナイゼーションが人間の根本的な欲求である「所属意識」の高度な表現方法であることをあらためて確認させてくれる。

ソーシャルミーティングの面白いところは、企業の多くが、意図的というよりはむしろ偶然に、とてもよく似た慣習に行き着いていることだ。僕の勤務先であるツイッターのロンドン支社でも、金曜日の午後に「ティータイム」と呼ばれているソーシャルミーティングがある。ここで具体的に何が達成されているのかとあらためて尋ねられると、少しばかり答えに窮してしまう。それでも、社内に活気をもたらすという意味では最高の方法だ。

会では、何人かが前に出て、200人ほどの社員に自分たちの仕事の内容を説明する。最近取り組んでいる、他の部署の人間が知らないプロジェクトについて発表をする社員もいる。最後に、スピーチのうまい社員が前に出て、ツイッター社の今週の出来事をみんなに伝える。面白い話もあれば、悲しい話もあり、学ぶべき教訓もある。主な内容はそれだけ。あとは社員が飲み物や食べ物をとりながら自由に会話を楽しむ。

ツイッターの創業者ビズ・ストーンは僕にこう説明した。「ティータイムは、僕がグーグルの慣習を真似しようと言ったことがきっかけで始まった。グーグルでは、毎週金曜日の夕方になると仕事を早めに切り上げ、みんなで集まってその週のことを話しあう。どんなものをリリースし、どんなミスをしたか。自分のものでも他人のものでも、誰かが刺激的で面白い仕事をしていたらそれについて話す。同じことを僕たちもやってみようと思ったんだ。ジャック［ドーシー。ツイッターの共同創設者］に伝えると、〝いいね。じゃあ一般的なお茶の時間にあわせて、金曜日の午後4時5分をこの会社のティータイムにしよう。僕がみんなにお茶を淹れるよ〟と言った。僕はビールを買って冷蔵庫に入れておいた。結局、みんなビールを飲んでいたよ」

ビズは、複雑なことは何もしていないと言う。目的は、チームを〝1つの集団〟にすること。「その週にあったことを誰かに話す。普段は仕事上、顔をあわせる機会がない営業担当者とも言葉を交わせる。幹部をからかうのも大切だ。みんなジャックが近づいてくると、〝おや、ジャック・ドーシーが来たぞ。目をそらそう。大物すぎて、隣には座れないよ〟といった調子で冗談を口にする。ジャックもそれを楽しんでいる」

■「飲み会」は不平等だ

マーガレット・ヘファーナンの言う、酒場に繰り出す方法はどうだろう？　メリットが多いことは間違いない。社員は辛い1日の仕事を冗談で笑い飛ばして、ストレスを解消できる。アルコールが入ることでタガも緩み、その場は大きな笑い声に包まれる。パブに行くのは、最高に楽しいことだ。

でも、勤務時間後に飲みに行くことをコミュニケーション手段として考えることには慎重にならなければならない。イギリス労働党の党首ジェレミー・コービンが2016年のインタビューで指摘しているように、仕事後にパブに行くことは、昔から子育て中の女性にとっては不公平なことだった[3]。

現代では子育てがパートナー間で均等に分担されていると思いたいところだが、現状はそれとはほど遠い。たとえば、通勤時間の長さが幸福度の低さと相関することを示すデータは、これが特に女性に当てはまることを示している。女性は長い通勤時間（ロンドンの場合、ヨーロッパ最長となる平均75分）の後に、男性よりも多くの家事をしなければならないことを知っているのだ[4]（余談だが、通勤は僕たちが元気を回復するための、友達と一緒に時間を過ごす、運動をする、リラックスするといった活動をする時間も奪う。だが電車内で携帯電話を使ってテレビ番組を観る、音楽を聴く、本を読むなどをすれば消耗を軽減できることがわかっている）。パブが、チームが交流を深めるのに適した場所でないわけではない。ただし、もし行くなら時間帯はよく考慮すべきだし、終業後の社員の時間を拘束するようなものになってはいけない。

■みんなが集まる〝ポテトチップス・サーズデー〟

というわけで、ソーシャルミーティングを行う場として実現しやすく、また望ましいのは、オフィス内だと言えそうだ。ただし、パブで飲み物がメンバー同士の壁を取り払うという役割を担っているのと同じように、みんなをリラックスさせるための何かが必要だ。そこで僕は、食べ物を出すことを提案したい。

広告代理店ヤング・アンド・ルビカム社のニュービジネス部門の責任者クラウディア・ウォレスは、同社で毎週行われている「ポテトチップス・サーズデー」という慣習を教えてくれた[5]。これは（最高のアイデアが生まれるときにはよくあることだが）もともと、いつも元気いっぱいの会社の受付担当が発案したものが、自然に発展して定着した行事だ。「毎週木曜日、4時25分になると、受付の責任者のジリアンから社員全員にメールが送られる。〝さあ、週で一番のお楽しみ、ポテトチップス・サーズデーの時間ですよ！〟」。オフィスの中心に置かれた長いテーブルの上に、何種類ものポテトチップスが盛られた皿が並べられる。社員が集まり、ポテトチップスを食べ、最近の話題を交換する（ワインやビールなどの飲み物もある）。楽しい雰囲気を演出するため、毎週テーマを決めてポテトチップスの種類を選ぶようにしている。「数週間前にはプリングルズの週があったの。ジリアンはプリングルズの缶の格好をしてきたわ」

「木曜日の4時半は素晴らしい時間よ」とウォレスは言う。「1日の仕事の終わりも、週末も近づいている。だからみんな一息入れたいと思っている」。もちろん、これはポテトチップスを食べるだけのイベントではない。30分ほどと時間は短いが、社員同士の偶然の出会いをもたらす理想的な機会になっている。「広告代理店では、部署の違う社員が顔をあわせられる場を持つことがとても重要なの。その週の社内会議に参加できなかった人も、ここで話題に追いつける。何より、ほぼ全員の社員が木曜日になるとポテトチップスをつまみにくるという事実が、この行事に価値があることを物語っているわ。仕事の話をすることもあれば、まったく仕事の話をしないこともある」。僕はアップルの共同創設者スティーブ・ウォズニアックが自伝で語っていた「ヒューレット・パッカードで働いていた頃、毎日午前10時と午後2時にコーヒーとケーキを積んだカートが運ばれてくるのが何よりの楽しみだった」というエピソードを思い出した。[6]その休憩は、貴重な議論と意見交換の機会だったという。

もちろん、食べ物はケーキやポテトチップス以外でもかまわない。BBCラジオ1のデジタル部門の責任者だったアンディ・プルストンは、こんなエピソードを教えてくれた。「ラジオ1のスタッフを結びつけていたのは、毎月のピザミーティングだった。月に一度、同局のコントローラーのアンディ・パーフィットが全員にピザと飲み物を用意してくれた（国民から集めた受信料の無駄遣いだとタブロイド紙に批判されないように、彼はいつも自腹を切っていた）」。プルストンは、この定期的な集まりに独特の連帯感をもたらしていたのは、そのスペースの窮屈さでもあったと考えている。狭さのせいで、その空間は一段と楽しいものになった。「そこには家族的な雰囲気があった。仕事仲間をすぐ身近に感じるのはいいことだ。もしパーティーを開くのなら、会場の広さを気にしたほうがいい。狭いスペースに大勢の人がいるほうが、がらんとした広いスペースよりも楽しい時間を過ごせると思う[7]」

当然ながら、このピザミーティングはピザや窮屈なスペースによる楽しさ以上のものをもたらした。「このミーティングは、みんなの気持ちを1つにする働きがあった。どんな文化にとっても、全員が情報や意識を共有することはとても重要だ。ピザミーティングはスタッフの連帯感を高めた。だからこそ、効果があったのだと思う」

食べ物があることは役に立ったのだろうか？「食事には人を集める力がある。だけど、一番大切なのはそこで何を話すか、そのミーティングが何を意図しているかだ」。BBCの全部門を対象にした従業員の満足度調査で、ラジオ1がトップだったことは注目に値するだろう。

「シンクロナイズ1」で紹介したアレックス・ペントランドも、「こうした交流の時間はチームのパフォーマンスにとって非常に重要であり、コミュニケーションパターンのポジティブな変化の5割以上を占めることが多い」と分析している。マーガレット・ヘファーナンも、「何よりも重要なのは社員の絆」だと言う。

チームに力をあわせて仕事をしてもらいたいのなら、社員が顔をあわせて自由に会話ができる機会を設けなければならない。このような場があることで、社員はお互いを理解し、意見を交換できるようになる。「コラボレーションの価値が、それぞれが持ち寄った才能や創造性を組みあわせることにあるのなら、社員が進んで助けあえる環境が必要。そして誰かを助けようと思えるのは、自分も必要なときに助けてもらえると信じているからこそよ」[8]

いますぐ外に出てプリングルズを5缶ほど買い、ソーシャルミーティングを始めてみよう。

まとめ

- 社内でソーシャルミーティングを主催してみよう。批判的な声は気にしないように。
- 会社のルールに沿って企画することが大切だ（お勧めできるかどうかはともかく、国営放送のBBCのラジオ1では、受信料の無駄遣いという批判を避けるために上司が自腹でピザを買っていた）。社内での飲酒が禁止されているケースもあるだろう。手づくりのお菓子を持ち寄って食べたり、飲み物だけを片手に会議室で同僚とおしゃべりを楽しんだりと、さまざまな形を考えてみよう。
- ソーシャルミーティングの効果を疑問視する人がいたら、研究によって、こうした交流がチームを同期させるのに最高の方法であることが示されているという事実を伝えよう。
- 最初のうちは、参加者を引き寄せるためにソーシャルミーティングをさらに面白くするような要素を加えてみることも検討しよう。

シンクロナイズ

5

もっと笑おう

■キツいときこそ「笑い」で乗り越えよう

なぜ、笑うのが好きではない人がいるのだろう。子どもは笑うのが大好きだ。でも、大人になるとその感覚を忘れてしまう。小さな頃は些細なことでも面白がっていたのに、いつもむすっとした表情を浮かべるようになる。もちろん、現実の世界は残酷な場所かもしれない。それでも、微笑みがしかめ面に変わるのは大きな悲劇だ。

笑うことは楽しい。人が笑っているのを見るのも面白い。でも、それだけではない。ユーモアは人が困難に対処し、正気を保つのにとても役に立つことがわかっている。ローレンス・ゴンザレスやアル・シーバートなどの作家は、笑いが前向きな気持ちや忍耐力を高めると指摘している。一般的に、苦境に陥ってもユーモアを見出せる人は、不安やストレスばかりに襲われる人よりもうまく生き延びることができると言われる。

実際、データもそれを示している。たとえば飛行機の墜落事故に遭い、ジャングルから生還した人たちは、ずっと深刻な気持ちで状況に対処しようとしていたのではなく、むしろ絶望の中で奇妙なほど不謹慎な感覚を味わっていた人だった。自分でもうまく説明がつかないが、その絶望的な状況を面白がっているときがあったというのだ。危険でストレスの多い仕事をしている人も、ユーモアの感覚があるときに能力を発揮できる。人間のサバイバル時の心理を研究するゴンザレスは、戦闘機パイロットの間で交わされるブラックユーモアが見られると観察した。これは戦闘下での日常的な報告の中にさえ観察できるという。「真のサバイバル状況では、死がすぐ身近にある。そうした中でも滑稽さや驚き、活気などを感じることができないと、それだけで心は傷ついてしまう[1]」

軍の野戦病院は、笑い声であふれているという。アフガニスタンのキャンプ・バスティオンにある野戦病院に6週間滞在した民族誌学者のマーク・デ・ロンドは、「笑いはこの極限の状況で働く者が仕事をするために必要なものだった[2]」と観察している。最初の1週間だけで174人が病院に搬送され、そのうちの6人は到着時にすでに死亡していた。しかし、こうした状況にもかかわらず、病院のスタッフには異様なほどのユーモアがあり、一日中笑っていた[3]。アル・シーバートはその著書『*The Survivor Personality*』（『「逆境に負けない人」の条件』フォレスト出版刊）の中で、サバイバル精神がある人を「窮地に追い込まれても笑える人。その状況を面白がり、笑い飛ばせる人」と表現している。面白がることで、状況を冷静に観察できるようになる。[4] ローレンス・ゴンザレスは、このような状況でのユーモアには「情動反応を抑える効果がある」と言う。それは大惨事に襲われた人の心を、恐怖で麻痺させるのではなく、はるかに建設的な状態へと向かわせる。

たしかに、オフィスは戦場や野戦病院とは違う。しかし、ユーモアはここでも重要な役割を担っている。研究結果は、笑いが世間で思われているよりもはるかに洗練された方法で僕たちにメリットをもたらしていることを示している。簡単に言えば、それは「同期（シンクロナイズ）」に役立つのだ。

「笑いは人類が同期するための重要な手段である」と主張する心理学者のロバート・プロバインの研究は、笑いが現代のオフィスライフや文化に及ぼす影響や、人類に大きな喜びをもたらしていることについての重要な洞察を与えてくれる。[5] プロバインはまず、お互いに面識のない被験者を3人1組のグループにして、研究室でコメディ映画を見せるという実験をした。しかし、被験者は誰も笑わなかった。すぐに、見知らぬ人同士でコメディ映画を見ても、あまり面白くは感じないという当たり前の事実に気づいた。

プロバインは実験室を出て街に向かった。ショッピングセンターやオフィスやキャンパスを歩きながら、近くにいる人の会話を盗み聞きし、彼らが笑い出した瞬間にどんな様子だったかを観察し、その内容を書き留めた。プライバシーの問題にも関わる調査方法ではあったが、誰にも警察を呼ばれたりはしなかった。

笑いにどっぷりと漬かりながら研究を続けたプロバインが導いた結論は、一見するととても単純なものだった。それは、笑いは「人類の歌」だというものだ。[6] 鳥がお互いに向けて鳴いたり、裏庭の犬が吠えあったり、オオカミが群で遠吠えしたりするのと同じように、人間は他人と一緒に笑うことでつながり、同期している。「笑いは人間が発する典型的な社会的シグナルだ。笑いは人間関係のためにある。観客席に座って、みんなで一斉に大笑いをしたときのことを思い出してほしい。それは人生の中でもめったに感じることのできない非常に楽しい経験だ。動物が一斉に鳴く行為と、人間の聴衆がノイズを同調させる行為はとてもよく似ている」[7]

■職場に「笑い」を起こすのはこんなフレーズ

「ノイズを同期させる」とは、笑いから連想される言葉だとは思えない。観客が爆笑するのは、コメディアンが面白いことを言ったからだ。最高のオチが決まり、場内は笑いの渦に包まれる。しかし、プロバインがここで言及しているのは、おかしな冗談で人が笑うということではない。笑いがもたらす社会的な絆や集団の調整機能に注目しているのだ。
プロバインはオフィス内に足を踏み入れ、1000件以上もの笑いのエピソードを記録し、分析した。そこで発見したのは、笑いがユーモアや滑稽なジョークではなく、次のようなごく普通の言葉によって引き起こされているという事実だった。

「また後でね」
「なんとかなるさ」
「終わったよ」
「だから言ったでしょ」
「はい、どうぞ」
「それは良さそうだね」

これらの笑いは、ユーモアに対する反応ではなかった（皮肉でも、ふざけているのでもなかった）。それは、場の空気を和やかにしたり、気分を高揚させたり、つながりを感じたりするために人間が用いる手段なのだ。それは動物を観察することでもよくわかる。森の鳥たちが歌いあうように、人間も一緒になって笑う。仲間に加わりたいという衝動は、その場で感じられるユーモアよりも大きい。

信じられないというのなら、今夜、ネットフリックスのコメディ番組で確認してみてほしい。笑い（娯楽の感覚とは対照的なものとしての）を起こすには、ユーモア以上のものが必要だ。人はその場に他人がいないときは、あまり笑おうとしない。同調しようとする必要がないからだ。プロバインは、「笑いは自分の気分や健康を良くするためではなく、他者に影響を与えるために進化したという事実が見過ごされがちだ」という重要なポイントを指摘している。

バスの中にいた女性2人が、テレビのメロドラマ『コロネーション・ストリート』の同じエピソードを見ていたことをきっかけにして話を膨らませていったというブライアン・イーノが体験した話（165ページを参照）と同じく、笑いもこれと同じ同期の効果を持っている。笑いによって、お互いが合意しているという信号を発しているのだ。笑いによって、僕たちは相手と同期していることを確認できる。

■「一緒に笑える集団」は結束力が強い

笑いは、人々がその場が安全だと感じていることも示している。ユニバーシティ・カレッジ・ロンドンのソフィー・スコットは、哺乳動物の多くが笑いに近い反応を示すが、負の刺激があると簡単に停止すると述べている。「ネズミは不安になると笑うのをやめる。人間と同じだ」。逆に言えば、笑いが起こるとき、そこにはリラックスした、安全さの感覚がある。「笑いは不安な状態ではないというサインだ。それは集団が安全な場所にいることを示す指標になる」[8]

犬は遊ぶとき、まず前かがみになって、それが本気ではなく、単なるゲームであることを相手に知らせようとする。そのポーズ（まさにヨガの「犬の下向きのポーズ」と同じ）で、「これは真剣な追跡や戦いではないよ」と伝えているのだ。

スコットは、人間にとってこれと同じものが笑いだと言う。笑いは、「私はあなたに危害を加えませんよ」というサインなのだ。またスコットは「一緒に笑うことが多い集団は結束力が強い」と主張し、ユーモアとストレスの関連性を指摘している。医者や看護師、警察など、ストレスが多いことで知られる職業では、職場のジョークが多いことで知られている。そのユーモアには排他的で辛辣という特徴があり、その集団の一員でなければとても笑えないようなものが多い。だが、その集団内では笑いが成立する。なぜならそのジョークは、その場にいる者がキツい状況を乗り越えるために必要な笑いをもたらすための道具にすぎないからだ。

■コメディ動画を見てからクリエイティブな仕事をする

逆に、笑えないときは、何かがうまくいっていない兆候だと言える。相手を信用できず、心を開けないと感じているときなどだ。元ＦＢＩ長官のジェームズ・コミーは、自分を解雇したトランプ大統領を間近で観察してきたが、本気で笑っているのを一度も見なかったと驚きを込めて述べている。ユーチューブの動画にも、大統領が寛いで心から笑っている様子を映した動画は見つからなかったという。コミーは、リーダーが笑うことは率直さの表れであり、弱さをさらけだそうとする意思でもあると言う。「偉大なリーダーの証しは、自信と謙虚さという、一見すると矛盾しているように思える特性が組みあわさっていることだ」[9]。対照的に、リーダーの資質を欠いている人は、「周りの人間の成功に喜びを感じることができない。この自信と謙虚さのバランスがとれているかどうかは、その人にユーモアの感覚があることで判断できる。人は、自信がなければ笑えない。ユーモラスな場面に遭遇することは、精神的に余裕のないリーダーの立場を脅かす。自分が言えなかった面白いジョークを口にした相手を認めなければならないからだ」。コミーは、ブッシュ大統領とオバマ大統領がユーモアを用いて人々をリラックスさせながら、話の核心にたどり着く場面を何度も見たと回想している。

他にも大切なポイントとして、さまざまな体験談が、笑いがもたらすリラックス効果が心をオープンにし、創造的思考を促すと示唆していることが挙げられる。2017年、ノーベル経済学賞の受賞者ダニエル・カーネマンは、人間の意思決定に関する現在では画期的かつ革命的と見なされている研究手法を共同研究者の故エイモス・トベルスキーと共に開発していた当時を振り返り、鮮明に思い浮かぶのは苦労ではなく、笑いあった瞬間だと語った。**2人が一緒に過ごした中で最も創造的だった時期は、最も笑いに満ちていたという。**「エイモスは実に愉快な人間だった。一緒にいると私も冗談を口にした。2人で何時間も真面目に仕事をしながら、同時にとても面白おかしい時間を過ごした[10]」

おかしさを感じるとき、僕たちは決して無駄な時間を過ごしているのではない。笑いによって思考が緩み、創造性が刺激され、自由な発想が生まれやすくなるからだ。ドレクセル大学のジョン・コウニオスとノースウェスタン大学のマーク・ビーマンは、ロビン・ウィリアムズがスタンダップコメディで観客を爆笑させている動画を被験者に見せ、その後で複雑な論理パズルを解かせた。その結果、コメディ動画を見て笑った被験者は、パズルを解く能力が2割も上がっていた。その理由は、笑いが、意外な組みあわせのアイデアを生み出すことに関連する、上側頭回と呼ばれる右耳のすぐ上にある脳の部位を刺激するからだと考えられている。思考が行き詰まったときは、笑いによって気を散らすことが効果的になる[11]。

■いつでも笑えるように「心の準備」をしておく

このように、笑いにはさまざまな機能がある。それは信頼を築き、絆を深め、同期を実現する。創造性が刺激され、良いアイデアが生まれやすくなる。一緒に笑ったり冗談を言ったりするチームは、問題点をオープンにし、共有しやすくなる。ストレスに対処し、問題を創造的に解決するためにも重要だ[12]。では、次の課題に目を向けよう。それは、周りから正気を疑われないようにしながら職場で笑いを増やすためには、どうすればいいのか？　という問題だ。

仕事は真面目な顔をしてするものだと考えている人はいる。職場でふざけるのは不謹慎なことで、笑っている人がいると真剣味が足りないと眉をひそめる。この手の人は、〝自分の忙しさを周りにアピールすること〟の価値も信じている。僕は初めての就職先で、同僚から教えてもらった遅刻のごまかし方をいまでも鮮明に覚えている。それは「経理部の近くにコートを脱ぎ捨て、紙を1枚手に取り、怒ったような顔をしてまっすぐ自分のデスクに向かって歩くこと」だ。それは、シリアスな顔をして椅子に座り（実は私は今日、特別なプロジェクトのために朝の7時から出社しているのだが、それについて話すことは許されていない）という心の声が、黙っていても周りに伝わると考えるのと同じ発想だ。

では、職場で笑いの恩恵を受けるにはどうすればいいのか？　プロバインは、それは「笑いを受け入れる準備をすること」だと提案する。「おかしさのハードルを下げ、小さなことでも笑いの対象にする。いつでも笑えるように心の準備をしておく」。交流の機会をつくるのもいい。社内で、人が集まること自体を目的にしたイベントを催す。「シンクロナイズ4」では、ソーシャルミーティングについて説明した。笑いは、みんなが自由に会話をできるこのような集まりでこそ起こりやすい。

ただし、会社にとって笑いが起こりやすい雰囲気をつくる方法を見つけるのは簡単ではない。清掃用品会社のメソッドは、毎週のミーティングで新入社員を紹介し、「メソッドが一風変わった会社であり続けるには何が必要か」について尋ねる時間を設けているという。僕はこの話を知って、胃が締めつけられそうになった。以前、ツイッター社の元上司の取り決めで、新入社員は入社前と入社直後のこの会社の印象をみんなの前で話すことになっていた。これ以上ひどい新人の歓迎の方法を僕は想像できない。会社がこの慣習を廃止するのに半年もかかったことをとてつもなく恥ずかしいと感じる。

大切なのは、自分たちのチームにあった方法を探し、見つけたらそれを継続することだ。BBCラジオ1のデジタル部門の責任者だったアンディ・プルストンは、同局には送別会でのスピーチが面白いという伝統があったという。社内には、別の道に進むことを選択した退職者を疎んじるような空気はなく、逆にその人が人生の一時期をラジオ1で過ごしたことをユーモラスで感動的なスピーチで祝福しようという雰囲気があった。「私たちは送別会のスピーチをとても重視していた」とプルストンは言う。

「そのスピーチを聴いた新人に、この職場の文化を理解してもらうという意味もあった。退職者をどんなふうに祝福し、別れを告げるかを見ること以上に、新しい職場をよく知る方法はない。勤務期間が長かった人たちに対しては、スピーチはその仕事やチームへの貢献のすべてに感謝する機会であり、言わば生きている人に送る弔辞のようなものでもあった」。プルストンは、チームメイトや同僚から退職者についての思い出の言葉やジョーク、写真を集め、心からの敬意を表してそれを手渡した。これらの別れの言葉を通して、チーム全員が自分たちの職場がどんな場所なのかをあらためて意識するようにもなった。送別会はいつも「たくさんの笑い」で満たされていたという。

不況の時代には、会話や笑いをチームの優先事項にすべきだという考えは、不要でつまらないものに思えるかもしれない。たとえ自分はそうは思わなくても、そういう考えを持つ人はいるだろう。もし、誰かから反対意見を言われたら、ノーベル賞受賞者のダニエル・カーネマンのエピソードを伝えてみてほしい。

次にインスピレーションが湧いたとき、きっとあなたは笑っているだろう。

まとめ

- みんなが集まる場で、笑いが起きやすいようにする工夫をしよう。ソーシャルミーティングは良い機会だし、送別会のスピーチや永年勤続表彰の場などもチャンスだ。
- チームにいる面白い人の存在を大切にしよう。メンバーのユーモアのセンスを評価するのは、チームとしてまったく恥ずかしいことではない。
- チームに当てはまることは顧客にも当てはまる。笑いがチーム内の連携や同期に役立つのなら、ユーモアを取引先との関係を深めるのに役立てよう。
- 職場で笑うことには、楽しい瞬間を味わう以外にもさまざまなメリットがある。笑いはクリスマスだけではなく、毎日必要だ。

シンクロナイズ
6
良いセルフイメージを持とう

■「新入社員のパフォーマンス」を劇的に変えた質問

第一印象は大切――。僕たちは子どもの頃から何度もそう聞かされてきたし、実際にその通りであることも知っている。それなのに、本当に重要なときにそれを忘れてしまいがちだ。トリップアドバイザーが数年前にサービスを始めたとき、ホテル業界は突然、チェックインのときに宿泊客に与える印象が、最終的なレビュー結果に過度に影響しているという事実に目覚めた。すぐに、ホテルは競いあうようにして客を温かく迎え入れるためのあの手この手のサービスを開始した。豪華なソファが並べられた待合室、チェックイン時の飲み物、汗を拭くための濡れタオル、エレベーターの傍のジェットバス、ふかふかの毛を撫でることのできる可愛い動物たち。

ホスピタリティー業界は、第一印象の大切さについての教訓を学んだのかもしれない。でも、他の業界には大きな影響はなかった。たしかに、大勢の新人が入社してくる大企業は、会社の規則の説明や社内案内をするオリエンテーションプログラムを提供することには中小企業よりも優れている。

ただし、新人のその後の仕事のパフォーマンスに良い影響を与え得る、心に響くようなオリエンテーションは十分に実施できていない。職場に関するテクノロジーサービスを提供するクロノス社による2018年の調査によれば、ほとんどの企業はオリエンテーションを単に新人に会社の規則を教えるためのものと見なしている。自社の企業文化についてはそれなりのことを伝えるかもしれないが、新人が最も影響を受けやすい入社時に、多くの時間を費やそうとしていないのが現状だ。[1]

創造的な方法でオリエンテーションをすることで、どのような効果が得られるのだろうか？それを確かめるために、ロンドンビジネススクールのダン・ケーブルらはIT企業のウィプロ社のコールセンターの新入社員を対象にした実験を行った。新入社員は15人から25人の3つのグループに分けられた。1番目のグループに対しては会社の標準的なオリエンテーションが行われた。2番目のグループに対しては組織の一員であることを誇りに思わせるような点を強調した、ウィプロのこれまでの目覚ましい業績が紹介された。3番目のグループの扱いは他の2つとは違っていた。

新人たちは、これまでにしてきた仕事の中で自分が成し遂げた最も誇りに思える体験について考える時間を与えられ、そのことについてグループで議論をするように指示されたのだ。「仕事をしていて最も幸せな気分になり、最高のパフォーマンスを発揮できるとき、それはあなたのどのような強みが活かされているからだと思いますか？　職場でも家庭でも、ごく自然にその長所が発揮できているのはどんなときですか？」[2]。これはごく短い質問で、それについて考え、グループで話しあうための15分間が与えられた。

その質問にかけた時間の少なさを考えれば、それはオリエンテーションの参加者の緊張をほぐすためのウォーミングアップのようなものだと見なされてもおかしくはなかった。だが実際には、この質問は新人たちのその後の仕事に大きな変化をもたらした。過去の自分の業績を他のメンバーと共有した新人たちは、他のグループに比べて、ウィプロで働くことにすぐに馴染むようになった。半年後、このグループは仕事を継続している割合が他のグループより高いことがわかった（コールセンターの仕事は離職率が高いことで知られている）。他の2グループと比べ、離職率が32パーセントも低かったのだ[3]。最大の驚きは、新入社員にオリエンテーションでポジティブな自己表現を促したことが、新しい仕事に対する態度を望ましいものに変えただけではなく、顧客の幸せにも大きく影響していたことだった。顧客満足度調査のスコアは、他の2つのパターーンのオリエンテーションを受けた従業員が61パーセントだったのに対し、オリエンテーションで「最高の自分」についてディスカッションをした従業員は72パーセントを獲得していた。

つまり、たった15分間、短い質問に答えただけで、顧客満足度が18パーセントも向上していたのだ。コストはまったくかかっていない。ケーブルは、このような大きなインパクトがあるにもかかわらず、「長年企業と関わってきたが、このアプローチがオンボーディング・プロセスで使われているのを見たことがない」と述べている[4]。

■職場を「居心地の良い場所」にしよう

他のアプローチを試みている企業もある。スタンフォード大学の経営学教授チップ・ハースとその共同執筆者である弟のダン・ハースは、重機メーカーのディア・アンド・カンパニーが新入社員を温かく迎え入れる工夫について書いている。新入社員は初出勤の前日にバディとして新人を担当する社員からのフレンドリーなメールを受け取る。バディはそのメールで丁寧に自己紹介をし、服装や駐車場などについてのアドバイスを与え、初日の待ちあわせ場所を指定する。

翌日、バディは新人を指定した待ちあわせ場所で温かく出迎え、ウェルカムバナーで飾られたデスクまで案内する。その他にも細やかな気配りで新人をサポートする。[5] 同社は、新入社員が社内でアットホームな雰囲気を感じられるようになるほど、良い仕事をすることを知っているのだ。

僕は、同僚のジェシカ・マンセルのツイートを思い出す。彼女の父親がチョコレートメーカーのネスレで働き始めたとき、同社のチョコレート製品「クオリティストリート」のファミリーサイズの缶を、父親の名前入りでプレゼントされた。それは会社が父親を温かく迎え入れようとしていることの証しだった。

だから、新入社員をどんなふうに迎え入れるかを考えることは重要だ。社内の規則や仕事の細かな手順ばかりをいきなり教え込もうとするのは得策ではない。それは、新しい職場で働くことへの意欲を高める、胸が高鳴るような体験であるべきだ。新しく会社に来た人が自分らしく振る舞い、能力を発揮できるように、初日からチーム全員でサポートしよう。

まとめ

- この会社で自分らしさを発揮できるように、「最高の自分」を振り返るエクササイズをオリエンテーションに取り入れてみよう。新入社員が早く会社を居心地の良い場所だと感じられるように、さまざまな工夫を試みよう。
- 温かく歓迎するほど、新人はチームに早く成果をもたらしてくれるようになる。「第一印象は重要」という言葉を忘れないようにしよう。

シンクロナイズ
7

「嫌な上司」をやめよう

■スティーブ・ジョブズは典型的な「嫌な上司」

はっきり言おう。世の中には、とんでもなく嫌な奴なのに、とんでもなく有名になる人間がいる。彼らにとって幸いなのは、偉大な製品や先駆的な成功という伝説が、その不愉快な人間性の隠れ蓑になっていることだ。もっと最悪なのは、周りの人間に意地悪く振る舞うことこそが、天才が天才である所以だと見なされてしまうこと。でも、どんな言い訳をしようとも、彼らがとんでもなく嫌な奴であることに変わりはない。そしてその典型例が、そう、スティーブ・ジョブズだ。

ｉＰｏｄはアップルの市場価値を50倍に押し上げる原動力になった、同社の運命を変えた製品だ。その開発プロセスは長く複雑で、数百万ドルもの費用がかかる試作品の製作が必要だった。技術系ライターのニック・ビルトンによると、あるとき、最新の洗練されたモデルの開発状況を見せるために、期待に胸を膨らませたエンジニアのチームがジョブズのオフィスに出向き、その魔法のようなデバイスを差し出して、「これ以上、薄くはできません」とジョブズに伝えた。「ジョブズはその場に立ち、試作品をつぶさに観察しながら、矢継ぎ早に質問をした」とビルトンは説明する。「そしておもむろに水槽のところまで歩くと、この３００万ドルの試作品を中に落とした」（オフィスで魚を飼っているなんて、どんな変人なんだ、と思ったかもしれない。でも解説させてもらうならば、２００１年当時、会社に水槽を置くことはそれほど珍しくはなかった）。エンジニアたちはジョブズの行動に衝撃を受け、その場に立ち尽くしていた。「見ろ、泡が出ている」ジョブズは言った。「空気が入り込めるのなら、まだ薄くできる余地があるということさ」

こんなとき、世の中の母親がどんなふうに反応するか、みんなよく知っているはずだ。「あなたの言いたいことはわかるわ。でも、そんなことをする必要はないでしょう」。そう、ママの言う通りだ。あなたは会社に水槽なんか置くべきではないし、水槽に物を落とすべきでもないし、水槽の隣にいる同僚を馬鹿にすべきでもないのよ、スティーブ(1)。

新入社員であろうと、何十年もなんとかうまくやってきたベテランであろうと、誰にでも上司はいる。たとえCEOであれ、会社で働いている限り、僕たちは誰かに仕えなければならない。そして上司との関係ほど、仕事に対する印象に影響を与えるものはない。「会社を辞めたのではなく、あの上司の下で働くのを辞めた」という昔からの決まり文句がある。証拠もそれを裏づけている。退職者が後を絶たない職場があり、その理由を知りたいなら、まずはその上司を見ればいい。

でも残念ながら、悪い上司はどこにでもいる（タルサ大学のロバート・ホーガンによると、アメリカの成人の4分の3が、仕事における最悪の要素は直属の上司だと考えている）[2]。「リチャージ1」でも登場した心理学者のテレサ・アマビールは、会社員の業務日誌を分析した結果、上司について言及されるのは、社員の働く意欲を失わせる状況である場合が非常に多いと述べている。つまり人は悪い上司を持つと、悪い仕事に就いていると考える。悪い上司は、チーム内のシンクロナイゼーションを簡単に台無しにしてしまう。

ノーベル賞受賞者のダニエル・カーネマンの研究結果は、さらに厳しくこの考えを裏づけている。カーネマンらは、人が人生で最も満足感を味わう状況を理解するために、被験者が1日のさまざまな瞬間で感じている良い気分と悪い気分（プラスとマイナスの影響）を測定し、その感情の変化の原因を解明しようとした[3]。当然ながら、通勤時の楽しさ（最高6ポイント中3・45ポイント）と社交的な場にいるときの楽しさ（4・59ポイント）には大きな隔たりがあ

ダニエル・カーネマンの研究結果

	ポジティブな影響下での評価 最大6ポイント	時間的なプレッシャーを感じているとき 最大6ポイント	疲れているとき 最大6ポイント
親密な活動	5.10	0.74	3.09
社交活動	4.59	1.20	2.33
食事	4.34	0.95	2.55
TV鑑賞	4.19	1.02	3.54
料理	3.93	1.54	3.11
子どもの世話	3.86	1.95	3.56
仕事	3.62	2.70	2.42
通勤	3.45	2.60	2.75
友人と一緒に過ごす	4.36	1.61	2.59
配偶者と一緒に過ごす	4.11	1.53	3.46
上司と一緒に過ごす	3.52	2.82	2.44

ることがわかった。その差は1・14ポイントもある。職場では、プレッシャーや疲労が幸福度を簡単に下げてしまうこともわかった（疲労は、最も楽しい体験、「親密な活動」——つまり、セックス——さえも5・1ポイントから3・09ポイントに押し下げている。普段の体験で最もポイントが低い「通勤」以下だ）。

この研究からは、2つのことがわかる。1つは、上司と一緒にいるのは、1日のうちでも特に嫌な時間であること（それよりも低いのは通勤だけ）。もう1つは、僕たちの生活のあらゆる体験が、時間的なプレッシャーと疲労によって著しく悪化することだ。これらはこの本で紹介してきた、「せっかちは毒である」（「リチャージ4」を参照）、「睡眠は大切」（「リチャージ11」を参照）にも当てはまる。

上司がこれほど忌み嫌われているのなら、ワーウィック大学によるアンケート調査で、「悪い上司の下で働くのなら、そのストレスと苦痛を補償するために通常の150パーセントの給料をもらわないと割にあわない」という結果が出たのも当然かもしれない[4]。

■「悪い上司」の4つの条件

悪い上司は、部下に具体的にどのような影響を与えているのだろうか？　タルサ大学のロバート・ホーガンによれば、悪い上司が引き起こす「精神的苦痛」や「ストレス」は、実際に病気になるほどまでに部下の健康や免疫システムを低下させる（「悪い上司は莫大な健康コストを生み出す」とホーガンは述べている）[5]。3000人以上のスウェーデン人男性の職業生活を10年間追跡した大規模な調査によると、悪い上司がいると心臓発作を起こす確率が60パーセントも増える（逆に良い上司を持つ部下は心臓病を起こす確率が**40パーセント少なかった**）。**特に悪影響を及ぼす悪い上司の特性が「無能」、「配慮のなさ」、「秘密主義」、「愛想の悪さ」の4つであることも明らかになった**[6]。

ある人を管理職の立場に押し上げるのに役立った特性（野心や意欲、失敗にめげない心の強さ）が、その人を冷酷な上司にする要因になっているという意見もある。だが、スウェーデンの研究によれば、これらの特性は悪い上司を定義するリストには1つも含まれていない。つまり、野心的で失敗にめげない人は、必ずしも悪い上司になるわけではない。

悪い上司は部下のことを悪く言いがちだ。「悪い上司がどうしたっていうんだ。もっとひどいのは悪い部下のほうだ。愚痴ばかり言う人間がいなくなれば、チームはもっとハッピーになれるのに」と彼らは言う。だが、悪い上司を好きな人間など誰もいないという事実を忘れている。ワーウィック大学による、イギリスとアメリカの労働者のデータ数年分を対象にした、仕事における幸福感と上司のパフォーマンスの関係を調べた研究によれば、不満を口にしがちな社員であれ、優秀な社員であれ、まったく同じように、悪い上司によって不幸な気分にさせられていることが示された[7]。

■「部下は褒める」が簡単で正しいアプローチ

では、良い上司になるためには何が必要なのだろうか？　2つの大きな要素が関係していると考えられている。1つはとても簡単で、「支援する」こと。上司から評価されたいという部下の願いはとても強い。たとえ上司が部下を褒める以外にまともな仕事は何もしていないような状況であっても、職場全体のパフォーマンスは上がることがわかっている。それは、部下のやる気を高めるからだ。部下を過大評価しがちな傾向のある寛大な上司の下で働いているチームを対象にした研究でも、過度なまでに部下を褒めることが非常に有効であることがわかっている。逆に上司が批判的だと、部下は混乱し、落胆して、チームを辞めることが多かった。上司の叱責は、部下の気持ちを改善へと向かわせるのではなく、成功へのブレーキになっていたのだ。[8]

この調査結果が示しているものは、前述した未婚のカップルを対象とした調査でも見られた、「ポジティブな錯覚」（相手の存在を過剰に素晴らしいと感じること）にも通じる。このポジティブな錯覚の力はとても強力だ。この錯覚が、カップルを結びつけているのだ。[9]職場でも、誰かに自分を高く評価してもらっているという信念は、あらゆる困難を克服できるほど強力な力になる。上司に気に入られていると信じている人は、仕事に満足感を覚える確率がとても高くなる。

実際、良い上司は高い給料よりも影響力が大きい——少なくとも、それはスペインとアメリカで行われたロールプレイ実験で示された。部下役はチームで課題を解き、上司役は適切と判断したときにのみ指示を出す。その結果、部下の意欲を高めようとした上司のほうが、報酬をちらつかせた上司よりも効果的だった。この実験を行った研究者たちは、上司にできる最善のことは、チームを励まし、良い給料をもらっていることを思い出させ、あとは邪魔をしないようにその場から消えることだと結論づけている[10]。これは「上司はできる限り部下と距離を置くべき」という、幸福の専門家リチャード・リーヴスの考えと似ている。「部下にストレスを与えないこと。それは上司にとって最も重要な原則だ。自分のどんな行動が部下を不幸にしているのかを探り、それをやめることだ[11]」。何をすべきかわからない上司がいたら、まずは部下の仕事にできるだけ口出ししないようにすることから始めよう。

■管理職に「現場」を経験させる

ただし、部下の邪魔にならないようにするのが望ましいのは、上司が有能でない場合に限る。優秀な上司は部下の邪魔にならず、質の高いコーチングとサポートを提供できる。その仕事に関する優れた知識があることが、良い上司と悪い上司を区別する大きな要因であることがわかっている。

僕は基本的に、スポーツの世界の例をあまり引きあいに出したくはない。なぜならこの分野はデータのサンプル数が少ないし、この手のエピソードには話に尾ひれがつくことが多く、本質が曖昧になりがちだからだ。それでも、その道のプロが優秀な上司になるというのは、スポーツ界で昔から経験的に言われてきたことだ。

「最高のバスケットボール選手は最高のコーチになる」とキャス・ビジネス・スクールの准教授アマンダ・グドールは主張する。[12] フォーミュラ1にも、まさにそれが当てはまると言う。「F1のチームリーダー（「プリンシパル」と呼ばれる）になる人のバックグラウンドには、マネージャー、エンジニア、メカニック、ドライバーの4タイプがある。その中で最も優れたプリンシパルになる確率が高いのは、ドライバー出身者だった」。グドールは、一般的なビジネスの世界でも同じ原則が当てはまると考えている。「上司に、その組織で昇格をしてきた、その組織の立ち上げに関わった、従業員と同じ仕事ができる能力がある、従業員から有能だと見なされている、といった条件が当てはまる場合、従業員の仕事に対する満足度は高くなる」[13]。上司が仕事の細かな部分に通じているほど、そのアドバイスは有益になる。

ただし、そこにはリスクもある。上司が昔の輝かしい成功体験に浸り、過去の時代の方法ばかりを持ち込もうとすると、逆効果が生じる。つまり、リーダーには過去の豊富な経験だけではなく、現場で働く人間への共感が求められるのだ。

グドールの研究結果は、ＭＢＡがあれば経営はできると考えている人や、戦略やリーダーシップなどの知識のほうが、その分野での経験よりも役に立つと思っている人への警告になる。

このことに気づき始めた企業もある。最近では、マクドナルドやセインズベリーなどの企業は、現場での業務の理解を深めることを目的として、年に一度、管理職に店舗で仕事をさせている。**実際に自分で現場に立つことほど、そこで仕事をしている人への共感を得る方法はない。**

フードデリバリーアプリ「Deliveroo」のエンジニアリング部門のディレクター、トム・リーチも、このことを信じている。同社では、エンジニアチームの全員がこのアプリのデリバリードライバーとして登録されており、毎週1、2回、自ら配達をするという決まりになっている。

「そうすることで、現場のドライバーが体験していることを直に理解できる」とリーチは言う。「たとえば香港のドライバーは、レストランに行く前にバイクの駐車スペースを見つけるのに苦労していることがわかった。香港は山地が多い。地図上では歩いてすぐの距離に見えても、実際には急坂ということもある。駐車場まで1分で行けると思っていても、現実には5分かかったりする[14]」。オフィスにいると些細なことに思えるが、実際にはとても重要なこうした細かな状況を理解することは、経営者と従業員の関係を変え、現場と意思決定者の間の認識のギャップが生じるリスクを減らす。

■「上司への信頼」が会社の業績を高める

専門家タイプの上司とは、「すべてを知っている」人ではない。高度な知識をベースにして、部下との間に信頼や共感を築ける管理職のことだ。逆に、上司が「自分ならもっとうまくできるのに」という発想を持つのは、とても危険なことだ。

チームが使用するコンピューターシステムをよく理解し、日々の業務プロセスも細部まで把握しようと努める。上司がそういう態度で仕事に臨むことで、部下との間に認識のギャップが生じるのを防ぎ、絆を深めていけるようになる。また、上司が現場を知っていれば部下の気持ちがわかるようになり、問題に柔軟に対処できるようになる。

「専門家タイプの上司は、部下にとって最適な職場環境をつくろうとする」とグドールは言う。「良い上司はチームの仕事の本質を理解している」とも言う[15]。それが部下との間の信頼につながる。対照的に、現場への理解が薄い上司は、部下に必要以上に介入しようとする。「悪い上司は〝会議が始まる前にあの件に関する資料をつくっておいてくれ。あの部下が嘘をついているかもしれないから、確認しなければならない〟といったことを口にする。

もし、自分が現場を知っていれば、部下に余計な仕事をさせる必要などないのに」。グドールは、管理職は〝自分の知らないことを知る〟という謙虚な態度を常に持つべきだとアドバイスする。良い上司は、「その仕事を担当している専門家である部下に、わからないことを自分から尋ねにいく」

そうなれば、会社全体の業績が向上する。シェフィールド大学の研究によれば、管理職に対する信頼度が高い企業はそうでない企業よりも業績が上がる。(16) 自分たちは公平に扱われていて、優秀な上司にうまく導かれていると感じている社員は、良い仕事をするようになる。公正な会社で働いていると思っていると、それを埋めあわせる以上の働きをしようとする。上司の良いマネジメントだけでシンクロナイゼーションを実現できるわけではないが、上司が悪いとそれが台無しになる可能性は高い。

悪い上司がいる会社は、離職率が高くなる。人が足りなくなれば、生産性は低下し、専門知識も失われる。欠員を補充するための採用コストも余計にかかってしまう。

良い上司になるためのルールは明確だ。現場の部下に共感しながら、知識を活用し、サポートすることだ。

いますぐに「悪い上司」をやめよう。

まとめ

- 「部下の邪魔をしない」が上司のマネジメントの鉄則だ。
- 上司は、現場の課題や現実に共感を持って対処しなければならない。部下がソフトウェアシステムについて不満を言っていても、上司がそれを自分で使ったことがなければ、たいした問題ではないと却下してしまうことにつながりやすい。現場を知るための最善策は、実際に自分がそこで1週間でも働いてみることだ。
- 上司は、管理する仕事をした経験があると、良いマネジメントがしやすい。その仕事の経験がないのなら、それを十分に理解しようと努めることで、チームとの間のギャップを埋めやすくなる。

シンクロナイズ
8

1人で作業すべきときを知ろう

■「ブレスト」よりも「アイデアの持ち寄り」のほうが生産的

「これまで出会った発明家やエンジニアのほとんどは、私と同じだった。つまり、自分の頭の中で生きていた。彼らはまるで芸術家のようだった。実際、トップクラスの人たちは芸術家そのものだ。そして、芸術家は1人で仕事をするときに最も能力を発揮する。あまり喜ばれないかもしれないアドバイスをしよう。それは、1人で仕事をすることだ。委員会形式でもなく、チーム形式でもなく」。アップルの共同創設者、スティーブ・ウォズニアックが最高のアイデアがどんなふうに生み出されるかについてこう語っている。

この本でこれまでさんざんチームワークの必要性について述べてきたことを考えると、これはちょっとしたショックかもしれない[1]。これは明らかにスティーブ・ジョブズの考えと矛盾している。伝記作家のウォルター・アイザックソンによれば、ジョブズはピクサー社のオフィスのレイアウトに並々ならぬ意欲を注いだ。社員が1人きりで仕事をすべきではないと確信していたからだ。「ジョブズは本社ビルのアトリウムの構造や、トイレをどこに配置するかについてさえ異常なほどに執着していた。社員同士の偶然の出会いが起こりやすいようなレイアウトにしたかったのだ」とアイザックソンは書いている[2]。

では、結局どちらが大切なのだろうか？　最高の創造性を発揮するために1人になるべきなのか、それともそれをグループに持ち寄って革新的なチームをつくるべきなのか？

答えは、どの段階にいるか、何をしようとしているかによる。プロジェクトや新しいイニシアチブの初期段階では、アイデアを考え出したり、頭の中でそれを自由に膨らませたりするために、1人で作業をさせるべきだ。しかし、これらのアイデアを改良したり、問題点やボトルネックを解決したりするには、チームで協力して練り上げるほうが効果的だ。つまり、1人で作業するか、チームで作業するかはどちらかが常に正しいわけではない。**大切なのは、いつ1人で作業するか、いつチームで作業するか、適切なタイミングを知ることなのだ。**

研究結果も、プロジェクトの早い段階からチーム全体が関わるのは非生産的であることを示唆している。ここ数年で、集合的に想像力を働かせるための究極の形であると見なされてきたブレーンストーミングが、実際には（少なくともそれまで考えられてきたほどは）効果的ではないことが明らかになった。ブレーンストーミングに参加していると、自分たちは素晴らしいアイデアを次々に出しているような気分になる。だが、あらゆる会議がそうであるように（「シンクロナイズ3」を参照）、実際にはそこでは労力の多くがグループ内でのポジション争いや自己アピールに費やされている。

また、カリフォルニア大学バークレー校の心理学者シャルラン・ネメスは、ブレーンストーミングの「誰がどんなアイデアを提出しても批判しない」というルールは、この手法の有効性を落としている大きな理由だと指摘している。「〝誰かを傷つけないように全員がポジティブな態度をとることが大切だ〟というブレーンストーミングの考え方は根本的に間違っている。アイデアに対して批判的な意見を述べるのは楽しくないかもしれないが、そちらのほうがずっと生産的になる。真の創造性には、ある程度のトレードオフが必要なのだ」とネメスは言う[3]。

相手の提案をつまらないと思う理由を伝えれば、当然摩擦が生じる。だが、それによってグループ内で創造的なひらめきが生まれる可能性がはるかに高くなる。ブレーンストーミングは、参加者が最初に自分1人でアイデアを考える時間を与えられるときに最もうまくいくこともわかっている。その後でグループで集まり、それぞれのアイデアを出しあうほうが、何も考えずに集合してからアイデアを出すよりも創造的な提案が倍増するケースが多い[4]。

■「良いコラボ」は「質の高い1人の時間」を必要とする

作家のスーザン・ケインは、人々がブレーンストーミングの力を信じたがる理由は、現代の集団思考が外向的な人の一見すると派手な行動を賞賛し、内向的な人のあまり目立たない行動をないがしろにしているからだと主張している。20世紀を通じて派手な動きのある芸術や文化が台頭したことも、世の中の半分を占める外向的な人々のスキルが評価され、残りの半分の内向的な人が1人で仕事をしたいと言い出せないような環境がつくられてしまう原因になった、とケインは言う。

それでもケインは、コラボレーションで有名なチームでさえ、細かく観察すればその素晴らしいアイデアは個人から生まれていることがわかると指摘している。たとえば、音楽史上最も大きな成功を収めたソングライターであるジョン・レノンとポール・マッカートニーは、ビートルズの活動期間を通じて「レノン／マッカートニー」という誰もが知るコンビとして名曲の数々を生み出してきたが、2人はずっと同じ現場にいたのではなく、それぞれが1人で集中して作業をし、それを後で組みあわせていた。同じミュージシャンのエルトン・ジョンも、作詞家のバーニー・トーピンとの半世紀以上にわたる共同作業について、成功の秘訣は2人が別々の部屋で作業したことにあると語っている。「僕たちは一度も同じ部屋で曲をつくったことはない」とミュージックウィーク誌のインタビューに答えている。[5] FAXでやりとりをすることもあり、トーピンによれば、最近ではメールで歌詞を送り、エルトン・ジョンがそれにメロディーをつけて作曲し、最後に2人で顔をあわせて詳細を詰めるのだという。

僕はこのエピソードを知って、コメディ作家のリチャード・カーティスが、イギリスの有名なシットコム『ブラックアダー』の脚本を作家のベン・エルトンと共に執筆していることについて語った言葉を思い出した。脚本の執筆者のクレジットには、当然ながら2人の名前が記載されていた。でも実際には、カーティスとエルトンはめったに顔をあわせず、当時の最新の発明品であるフロッピーディスクを交換してアイデアを共有していた。[6]「私はこの方法を、これ以上ないほどお勧めする」とカーティスは言う。「以前、他の作家と同じ部屋で執筆をしたことがあった。何時間もお互いの顔をじっと見ながら、面白い台詞を書こうとするのは苦痛極まりなかった」。僕たちは作曲をしているわけでもコメディドラマの台本を書いているわけでもないが、この基本的な原則はあらゆる職場に当てはまる。

「シンクロナイズ4」では、エンジニアがバグを解決するために協力し、会話をする方法について説明した。ただしこのコミュニケーションは、静かに1人でまとまった作業をする時間の合間の区切りとして機能するものだ。**真の同期は、絶えず会話をしていることで達成されるのではない。1人の作業があるからこそ、初めて同期ができる。会話と孤独は、生産的な仕事にとっての重要な光と影だ。**

■「在宅勤務の有効性」を示すエビデンスはあまりない

「コーディング・ウォーゲーム」という実験も、孤独の力の価値を示している。これは約100社のソフトウェア開発者600人が2人1組になり、合計300チームが特定のタスクを実行する中規模のプログラムを開発し、その出来を競うというものだ（参加者は自分の会社のいつもの仕事場でタスクに取り組む）。各チームには大きな裁量が与えられ、好きなプログラミング言語を選べた。参加者の経験や給与などの変数にも注意が払われ[7]、プログラマーは普段仕事をするときとまったく同じ条件でタスクに取り組まなければならないというルールもあった[8]。

ゲームが終了し、成績が最高だったチームは、最低だったチームの10倍ものはるかに良いパフォーマンスを見せ、平均値を2・5倍も上回っていた。その理由は、参加者が静かな環境でタスクに取り組めたことだとわかった。トップパフォーマーの62パーセントが、自らの作業環境は「十分にプライベートが守られている」と回答した。対照的に、成績が振るわなかった参加者の75パーセントは、絶えずタスクを中断させられるような環境で働いていた。

オープンオフィスがパフォーマンスに与える悪影響についてはすでに説明した（「リチャージ1」を参照）。こうした環境はクリエイティブな思考にも向いていないようだ。静かな環境でアイデアをじっくり考えることができたプログラマーたちが、最高のパフォーマンスを発揮していたのだ。

もし、静かな場所で黙々と仕事をすることが最適な働き方なのだとしたら、その答えは在宅勤務なのだろうか？　家庭と仕事の両立に苦心している人にとって、在宅勤務が素晴らしいワークスタイルになることは間違いない。**ただし残念ながら、研究結果は在宅勤務の有効性をあまり証明できていない。**

たしかに、在宅なら集中してまとまった仕事がしやすくなる。だが、生産性が上がる以上に、シンクロナイゼーションが失われることで生じる損失のほうが大きくなる。ミシガン大学のエレナ・ロッコの研究によると、単独で別の場所で仕事をしている人は、会社で働く同僚との間の信頼関係が次第に弱まり、結果として共同作業の質に悪影響が生じていることがわかった[9]。在宅勤務者は、定期的なフィードバックがなければ、開始直後は向上する生産性もすぐに落ちてしまうと報告している。

ワークテック分野のスタートアップ企業であるヒューマナイズのCEOベン・ウェイバーはこう言う。「自宅で仕事をすることで影響を受けるのは本人だけではない。会社で一緒に仕事をしている人のパフォーマンスも劇的に低下する[10]」。ウェイバーは、在宅勤務ではアイデアの流れが停滞することで、チーム全体の知性が低下すると考えている。台所のテーブルで働くことは、チーム全体の生産性を考えれば最適な答えではない。つまり、必要なのは個人で働くことと集団で働くことのバランスなのだ。

メンバー同士のシンクロナイゼーションとコラボレーションを推進している職場では、次の段階はチームでアイデアを考えることを目指したくなる。「メンバーは仲が良く、チーム内には良い雰囲気がある。来年にチームで挑戦すべき新しいアイデアを考えてみよう」というわけだ。でも、この罠にはまってはいけない。シンクロナイゼーションとは、メンバーが協調して働くことだ。でも、難しい問題を解決するためには、まずは個人が1人で深く思考する必要がある。その力は、チームがいくらシンクロナイズされていても変わらない。創造性は、個人が考え抜いたアイデアを、集団で議論することで開花する。真にシンクロナイズしているチームは、この両方を実行できる。

まとめ

- 創造的なアイデアは、まず個人の頭の中で生み出され、育まれるということを忘れないようにしよう。グループの出番は、個人が考えたアイデアを肉づけし、改善することだ。フィードバックループを用いることが効果的になる。
- 朝に集中タイムをつくる〝モンクモード・モーニング〟（午前中の修道士モード）や、静かに熟考する瞬間を意識的に設けることは、創造的なプロセスを促すためにとても重要だ。

第 3 部

バズ

活気のあるチームの10の秘密

Introduction

バズるチームのつくり方

■職場に熱気を生み出す

エネルギーを回復する「リチャージ」、チームと調和する「シンクロナイズ」に続いて、この第3部では、職場に熱気をもたらし、より望ましい環境を実現する「バズ」について説明する。

第2部で見たように、うまくいっているチームは「シンクロナイズ」(同期)の状態をつくっている。「バズ」は、その次のステップだ。

これは「ポジティブ感情」と「心理的安全性」という2つの現象の組みあわせによって生み

出される、仕事への意欲や前向きなエネルギーのことだ。

■ポジティブ感情

夜に自宅の電話が鳴る。出てみると、間違い電話だ。ビクターという友人にかけるつもりで番号を間違えてしまったという電話口の女性は、テレフォンカードの残高がこの通話で無くなってしまい、チャージをする方法もないとパニックに陥っている。絶望的な声でそう訴えてはいるが、どうすればよいかをこちらに提案しようとはしない。

あなたなら、どうするだろうか？

ご想像の通り、それはそのときのあなたの気分次第だということが研究によってわかっている。先駆的な研究で知られるコーネル大学の心理学者アリス・アイセンによれば、機嫌が良いとき、あなたが「私がビクターに用件を伝言しますよ」と言って相手の女性からビクターの番号を聞き出そうとする確率は高くなる。逆に機嫌が悪いとき（またはニュートラル）だと、あなたが伝言を申し出る可能性はかなり低くなる。[1] 前者の機嫌の良い状態を専門用語は「ポジティブ感情」（positive affect）と呼ぶ。この心理状態は、人が自分が置かれたさまざまな状況をどう解釈するかに影響している。また、その状況にどう対処するかにも強く影響している。アイセンは、「ポジティブ感情は、創造性、柔軟な認知能力、物事への革新的な応答、情報への開放性を促進する」[2]と述べている。職場では、ポジティブ感情は僕たちが良い仕事をするのに役立つものになる。

ポジティブ感情は、一般的に「良い気分」と呼ばれるものとさまざまな面で似ている。良い気分という言葉が指しているのと同じように、必ずしもにっこりと笑顔を浮かべていたり、元気良く歩いていたり、見知らぬ人に自分から挨拶したりというような高揚した気分であるとは限らない。単にその瞬間、物事に対して前向きな気持ちを持っているということだ。ただし、「ポジティブ感情」と「良い気分」はまったく同じではない。良い気分にははっきりとした原因（天気がいい、試験に合格した）があることが多い。だが、ポジティブ感情はもっと漠然としていて[3]、何がきっかけだったのかわからないこともある。そもそも、ポジティブ感情自体が自覚されないこともある。

それにもかかわらず、その影響は強力だ。中程度のポジティブ感情であっても、人は心をオープンにして「新しい物や人、状況に近づき、探求しようとする」ようになる[4]。交渉を例に取ろう。僕たちは交渉で良い結果を得るためには、テレビや映画の登場人物のように相手と駆け引きをして、ときには敵対的な態度をとりながら自分の主張を貫くべきだと考える傾向がある。でも実際には、ポジティブ感情を抱いていると交渉で成功する可能性が高くなることがわかっている。アイセンは次のように述べている。「ポジティブ感情があると、敵対的になる可能性のある状況においても、物事を柔軟にとらえ、さまざまな視点で状況を理解し、実現可能な妥協案を見つけやすくなる。問題に対処したり、衝突を回避したりする能力も高まる」[5]。言い換えれば、交渉で成功するときは、双方が予期していなかった解決策が見つかったときである場合が多い。ポジティブ感情があると、この解決策を想像しやすくなるのだ。

ポジティブ感情がさまざまな状況で良い影響を与えることは多くの研究が裏づけていて、企業もこの効果を活用しようとしている。レストランのウェイターが勘定書と一緒にミントキャンディーを持ってくる理由を考えたことがあるだろうか？　レストランは客がこの「プレゼント」を受けとることで、料金を安く感じ、チップも弾むことを知っているのだ。これは昔からよく知られている方法だ。ジャーナル・オブ・アプライド・ソーシャル・サイコロジー誌に掲載された研究によれば、ミントキャンディーと一緒に勘定書を持っていった（そしてボーナスをもらって戻ってきた）ウェイターは、チップが21パーセントも増えていた[6]。

ポジティブ感情は間接的にも作用する。アイセンはショッピングモールで通行人に無料の爪切りをプレゼントした。嬉しいが、とりたてて大喜びするほどのものではないささやかな品だ。アイセンの興味の対象は、その贈り物が、受けとった人のその後の気分にどう影響するかだった。モール内で同じ通行人に再び声をかけ、先ほど爪切りを渡したこととはまったく無関係であることを装いながら、自宅で使っている家電製品についての感想を求めた。すると爪切りをもらった人は、同じ質問をされた他の通行人（爪切りはもらっていない）に比べて、自分の家にある冷蔵庫や洗濯機に高い満足度を示した。つまりポジティブ感情には、それほど強力な力があるのだ。

ポジティブ感情はタスクを行う能力も上げる。その影響は相当に幼い頃から見られる。ある実験では、4歳の子どもたちを2グループに分け、同じ図形のモノを選ぶというタスクを行わせた。ただし一方のグループには、タスクの前に「これまでにあった嬉しくて跳び上がりたくなったような出来事を思い出してみて」と尋ね、30秒間、楽しい記憶を思い出させた。その結果、楽しい出来事を思い出した子どもたちのほうが、対照群の子どもたちよりも、タスクではるかに良い成績をあげたことがわかった。[7]

よく、「旅先では飴の袋を持ち歩き、出会った人に配るといい」と言われることがある。この方法は、アイセンが医師を対象にして行った実験の結果を見る限り、正しいものだと言えそうだ。実験では、まず全員の医師に、ある患者のカルテ（病歴や検査結果の詳細が記載されている）が手渡された。その後、医師の半分にキャンディ6個とチョコレート4個が入った紙袋をプレゼントした（ただし、甘い物を食べて血糖値が急激に上がることが実験に影響しないように、手をつけるのは後にしてほしいと依頼した）。その後、医師たちは2種類のタスクを行った。まず、遠隔連想テストに取り組んだ。提示された3つの単語（例「部屋」、「血」、「塩」）を結びつける4番目の単語を考え出すというテストだ（創造的思考の測定によく用いられる）。[8] 次に医師たちは、件の患者のカルテに基づいて、診断書を提出するよう求められた。

その結果、お菓子をもらった医師は対照群に比べて遠隔連想テストで有意に良い結果を出し、適切な診断書を作成していたことがわかった。アイセンはこう述べている。「ポジティブ感情の状態にあった医師はカルテから患者には肝臓に問題があるのではないかと判断した。そのことに気づいたのも対照群より早かった。これは結論を急いだのではなく、より熱心で好奇心があったからだと考えられる」。簡単に言うと、お菓子をもらってわずかにポジティブ感情になっただけで、医師は良い仕事をしたのだ。(9)

ポジティブ感情はどのようなメカニズムで作用しているのだろうか？　トロント大学の研究によると、それは脳の特定の部位を特定の方法で刺激している。同大学の実験では、被験者は何枚もの写真を見せられた。写真の背景には家があり、枠内には人の顔が写っている。被験者はその顔が男性か女性かを判断し、それ以外はすべて無視するように指示される。(10)脳には顔に反応して活性化される領域と、場所に反応して活性化される領域があることがわかっている。このため、顔だけに意識を向けた被験者の脳で、顔に反応する領域が活性化されていたのは当然の結果だった。しかし、ポジティブ感情の状態になっていた（タスクの前に贈り物を受けとった）被験者の脳は、場所に反応する領域も活性化されていたことがわかった。(11)つまり、ポジティブ感情の状態にある人は、そうでない人よりも認識能力が広がっていた。そう、ポジティブ感情は僕たちの心を解放してくれるのだ。(12)

トロント大学の実験

アイセンはこの解放はとても強力なものだと言う。「ポジティブ感情は人を助けようという気持ち、寛大さ、相互の理解を促す」。また、判断力を向上させる効果もある[13]。ドーパミンの分泌によって前頭葉皮質（特に前頭前皮質と前帯状皮質）が刺激され、ストレスや不安にうまく対処できるようになり、創造性も高まる。

アイセンによれば、ポジティブ感情は3つの方法で創造性を高める。まず、連想に用いられる「認知的要素」の数が増える。つまり、思考するためにたくさんの脳細胞が使われる。たとえば単語の連想力のテストでは、良い気分でいるときのほうが悪い気分やニュートラルな気分でいるときよりも、想像力に富んだアイデアを生み出しやすい[14]。2番目に、『アイデアのつくり方』の著者ジェームス・ウェブ・ヤング（「リチャージ3」を参照）が熱心に勧めていた、

「一点集中しない思考」が促される。つまりポジティブ感情は、同じ考えに執着するのではなく、それらをいったん心の奥に仕舞い込んで、まるで奇跡を起こすように斬新なアイデアを浮かび上がらせる（一点集中しない思考の効果は、「シャワーを浴びているときに最高に創造的なアイデアを思いつくことが多い」という人が全体の4分の3もいる理由を説明している。[15]テレビドラマ『ザ・ホワイトハウス』や映画『ソーシャル・ネットワーク』などのヒット作品の脚本家であるアーロン・ソーキンも、この非集中型の思考を活用していて、1日に6回から8回もシャワーを浴びることがあると誇らしげに語っている。「私は潔癖症ではない。でも執筆がうまくいかないときは、シャワーを浴び、新しい服に着替えて、再び仕事に取りかかるということを繰り返す[16]」）。

3番目に、ポジティブ感情は認知能力を柔軟にし、異なるアイデア（認知要素）を活性化する。「シンクロナイズ5」では、ロビン・ウィリアムズのコメディ動画を見た人がパズルをうまく解けるようになったことを説明した。このように、脳がリラックスしていると、革新的な思考がしやすくなる。

とはいえ、強いストレスを感じているときや期限が迫っているときなどに、ものすごく集中力が高まったという経験をしたことは誰にでもあるはずだ。この分野の専門家であるバーバラ・フレデリックソンは「ネガティブ感情である恐怖は、その場から逃げ出したいという衝動と関連している。同じくネガティブ感情である怒りは、攻撃への衝動と関連している」と述べている。そう、ネガティブ感情にもメリットはある。たとえば短い時間ストレスを感じることは、精神を集中させるのに役立つ。問題は、こうしたネガティブ感情が長時間継続するときに起こる。一時的なものであれば、アドレナリンを一気に分泌させるネガティブ感情は、緊迫した状況の中で何かを成し遂げるのに役立つ。でも、長期的なストレスは身体に悪影響を及ぼす。絶え間ないストレスを感じながら生きていれば、最高の状態で仕事をすることが困難になる。[17]

フレデリックソンは、ポジティブ感情は瞬間的なメリットをもたらすだけでなく、持続的な勢いを生み、好循環をつくり出すと考察している。「この上昇スパイラルが実現すると、心の健康状態が良くなり、将来の逆境にも対処しやすくなる」[18]。またポジティブ感情は人が挫折や不運から「立ち直る」のに役立つだけでなく[19]、瞬間的、長期的な幸福感が継続し、ポジティブな力が成長する、「拡大され、確立された」心の枠組みをつくるという[20]。創造性の観点から言えば、これは驚くほど強力だ。仕事で絶好調のとき、良いアイデアが良いアイデアを生むような感覚があるのは、それを可能にする心の状態にあるからだ。フレデリックソンは、「喜びや興味、満足感、誇り、愛などのポジティブ感情には、人の瞬間的な思考と行動のレパートリーを広げる力がある。たとえば喜びは、遊びたい、限界を押し広げたい、創造性を発揮したいという衝動を生み出す[21]。こうした衝動は、社会的・身体的行動だけでなく、知的・芸術的行動においてもはっきりと見られる」。そしてもちろん、このムードは伝染する。前にも述べたように、ポジティブ感情は周りの人にも広がる。その結果、「拡大され、確立された」心の状態の恩恵を周囲にも与えるようになる。[21]

ということは、職場でポジティブ感情をうまく刺激できれば、働く環境を改善でき、創造性のレベルも上げられる。「リチャージ」のセクションで提案した12個のアドバイスもこの考えに基づいている。しっかりと休み、無茶な働き方はせず、雑音はできるだけ避け、しっかりと睡眠をとる、といったことを実践すれば、心身の状態が良くなる。これらが僕たちの物の見方を前向きにし、仕事への意欲も高めることは研究結果もはっきりと示している。またそこから生まれるポジティブ感情は、一緒に仕事をしている人たちにも広がり、チームが最高の仕事をするのに役立つものになる。逆に、休憩や回復のための時間が足りないと、心の状態が悪化し、自分も他人も傷つけてしまう。[22]「リチャージ」で提案した行動は、「できれば実践すべき」ものではない。それは職場を快適に保ち、チームのバズを生み出すために不可欠なものなのだ。

■心理的安全性

バズを起こすためのもう1つの条件についても、「重要な電話」のシナリオで説明してみよう。ただし今回は、あなたは間違い電話に出たのではなく、電話をかけるかどうか迷っている立場にある。忙しい都会の病院で夜勤をしているあなたは、ある患者に投与すべき薬の量が異常に多いことに気づき、それをこの薬を処方した医師に電話で問いあわせるべきかどうか悩んでいる。ただし医師はもう帰宅してしまっている。また日頃はあなたの仕事ぶりに批判的なこの医師が、仕事上のミスを指摘されるような連絡をされるのを好ましく思わないだろうことは想像できる。あなたは医師に電話をするだろうか？　それとも思いとどまるだろうか？　自分が正しいと思った行動をどれくらい躊躇なくとれるだろうか？

これは専門用語で「心理的安全性」と呼ばれるものと関わっている。メンバーが意欲を高め、最高の能力を発揮するのに役立つ職場の「バズ」を実現するには、1人ひとりが正しい心構えを持つだけではなく、同僚と一緒にいることに安心や安全を感じる必要がある。

ハーバード・ビジネス・スクールのエイミー・エドモンドソンは、このことを詳しく調べた。「結束力のあるチームは良い結果を出す」という単純な仮説を証明するために、彼女は複数の病院の業績データを集め、各チームの処方ミスをチェックした。エドモンドソンは、成績が良いチームほどミスは少ないはずだと予測していた。だがデータは、その正反対のことを示していた。優れたチームほどミスが少ないどころか、最高のチームは最悪のチームよりもミスが多かったのだ。業績がトップクラスだった「メモリアル病院1」のチームの投薬ミスは1000患者につき1日当たり約24件だったが、業績が悪かった「メモリアル病院3」ではその10

分の1程度の2・34件のミスしか記録されていなかった。

その理由は何か？　データが不正確だったのか、それとも実験の前提そのものが間違っていたのか？　エドモンドソンがデータを調べていくうちに、その答えが見えてきた。「私はふと気づいた。優れたチームは多くの間違いを犯していたのではなく、間違いについて議論することが多いのではないだろうか。優れたチームほどミスが報告された数が多いのは、問題があればそれを報告し、原因を究明しようとするオープンな雰囲気があるからでは？[23]」

実際、その通りだった。業績が良いチームは問題を議論することに積極的だったため、結果として統計データ上はミスが多くなっていた。逆に業績が良くないチームは臭い物に蓋をしていたために、見かけ上はミスが少なかった。だがエドモンドソンは、ミスを認め、議論することに積極的な病院のほうが、質の良い医療サービスを提供していると分析している。

僕たちは職場で、エドモンドソンが「自己防御」と呼ぶものに取り憑かれている。常に他人の目を気にして、自分のイメージを良いものに保とうとする。無知や無能、否定的といった印象を持たれたくないので、そのように振る舞う。無知をさらけ出すような質問や提案はしないし、無能に見えないように弱点やミスを認めない。否定的な人間だと思われないように、他人が決めたことを批判したり疑問視したりもしない。

でも、エドモンドソンが明らかにしたように、最高のパフォーマンスを発揮するチームはその逆を行く。そこには、自由に質問でき、ミスを認める雰囲気があるからだ。病院のスタッフにこうしたマインドセットがあれば、それは多くの人の命が救われることにつながる。

真実を口にしやすい環境が大きな影響を及ぼすのは、医療業界と同じく人の命を預かる航空業界でも同じだ。痛ましい墜落事故のニュースが伝えられると、機械の故障が原因だったのではないかと推測する人は多い。エンジンが故障したのか。翼に欠陥があったのか。でも、実はそれが当てはまるケースはめったにない。飛行機の墜落事故は、人為的なミスのために生じることがほとんどなのだ。1978年にユナイテッド航空173便が墜落し10人の乗客が死亡する事故が起きたが、これは機長が副操縦士から受けた燃料不足の報告を無視したことが原因だった（「あと15分で燃料が底をつきます」と副操縦士は恐る恐る機長に伝えていた）。

2009年6月1日、リオデジャネイロからパリに向かう途中で海に墜落し、乗客乗員228人全員の命が失われたエールフランス447便の大事故では、経験豊富な操縦士たちが自動操縦機能が解除された後でミスを連発したことが、小さな技術的不具合が緊急事態に発展し、飛行機をストールさせた原因になった。

幸い、最近ではこうした悲惨な墜落事故はめったに起きなくなった。ただしそれは特別な技術的進歩があったからでも、本人の2017年のツイートで自画自賛しているようにドナルド・トランプが飛行機を安全にしたからでもない。1970年代に発生した一連の悲劇的な事故の後、航空業界全体で操縦ミスを減らすための「CRM」（クルー・リソース・マネジメント）と呼ばれる重要な措置が取られたおかげだ。これは不都合が起きたと思われる場合に乗組員が問題を提起し、共有する方法を標準化した訓練プログラムだ。たとえばＣＲＭでは「機長、１時間分しか燃料が残っていないようです。無線で緊急着陸用の場所を聞いてみようと思います。よろしいでしょうか？」のように、ごく短い丁寧で落ち着いた表現で、「相手の注意を引く」、「気がかりな点を述べる」、「問題の概要を伝える」、「解決策を提案する」、「同意を求める」という5つのポイントを相手に伝えることを学ぶ。これは却下されたり無視されたりすることを恐れずに懸念事項を率直に口にできる、心理的に安全な状況をつくるということでもある。

地球上で最も安全なクルーが、互いを最もよく知るクルーであるのは当然かもしれない。組織心理学者のアダム・グラントは、「飛行機事故の75パーセント以上はクルーが初めて一緒に搭乗したときに起きている」と指摘し、ＮＡＳＡのシミュレーションによって「初めて一緒に飛行したクルーは、以前一緒に飛行した経験はあるが徹夜で睡眠不足のクルーよりも多くのミスを犯すことがわかっている」とも述べている。[24] お互いに慣れ親しんでいても、こうした状況では慢心は生まれない。生まれるのは、お互いが決定したことについて率直に意見を述べたり、疑問を投げかけたりできる心理的に安全なゾーンだ。[25] また、階層社会における目上の者への過度の敬意が生み出すリスクも回避しやすくなる。作家のマルコム・グラッドウェルは、大韓航空が１９９０年代後半に他のどの航空会社よりも多くの墜落事故を起こした理由を次のように説明している。「墜落事故が起きると、人は〝航空機が古かったか、パイロットの訓練が不十分だったに違いない〟と考える。だが大韓航空は、韓国の文化が縦社会であるという問題に悩まされていた」

イギリスの医療サービスの安全性向上の役割を担う重要人物が、航空会社のパイロットであることは偶然ではない。２００９年3月2日、マーティン・ブロマイリーは、5歳と6歳になる2人の子どもたちと一緒に、これから鼻腔の手術を受けようとしている妻のエレインに手を振った。同じ手術はもう何度も受けていて慣れていたこともあり、妻を病院で降ろすと、そのまま子どもたちと一緒に帰宅した。

その後に起きたのは誰もが恐れるような悪夢だった。帰宅すると、すぐに医師から電話があった。「奥様が手術後も目を覚ましていません。すぐに病院に戻ってください」。到着すると、医療チームが麻酔をかけた後のエレインの気道を確保するのに苦労した結果、酸素供給が極端な低レベルに落ちたことを知らされた。簡単な手術が、重大な医療事故になった。エレインは脳に重度のダメージを負い、集中治療を受けた。数日間、治療によって誘導された昏睡状態が続いたが、ほどなくしてマーティンは妻の生命維持装置のスイッチを切る決断を迫られた。平凡な手術を受けたはずが、それから2週間も経たないうちに、エレインは息を引き取った。

マーティンはパイロットとして、ＣＲＭの厳しい基準と事故後の検証を熟知していた。当然、この事故を受けて徹底した調査が行われると考えた。だが、医療業界にはそのような慣行はないことを知った。それでも、調査を行うべきだと根気よく誠意を持って病院に訴え続けた結果、病院側は信頼できる麻酔専門医に検証を依頼することに同意した。

上がってきた報告書の内容は、それまで病院から聞かされてきたものとは食い違っていた。マーティンは妻の死は極めて不幸な事故によって起きたと理解していた。だが報告書によれば、それはごく単純なミスによるものだった。手術を行った医療チームにはこのミスが起きていることに気づいていたメンバーもいた。だが、そのことを上級メンバーに伝えられなかったのだという。合計で60年以上の経験がある、高度な資格を持つ専門家集団が、手術の場でコミュニケーションをとれなかった。その結果、健康な37歳の女性が死亡した。

その日、手術室で何が起きたのかをもう少し詳しく見てみよう。危険の最初の兆候は、手術開始から2分も経たないうちに、麻酔担当医がエレインの気道が塞がったのに気づいたことだった。酸素欠乏は10分以内に取り返しのつかない脳の損傷につながる。そのため、喉に挿管できないなら代わりに気管を切開して気道を確保し、その後で患者を集中治療室に入れるというのがこの事態に対処するための標準的な手順だった。その日手術室にいた者は全員そのことを知っており、エレインの気道が塞がったことに気づいた瞬間、数分以内に喉に挿管しなければならず、それができないならできるだけ早く緊急処置を行うべきだということを認識すべきだった。だが実際には、チームは25分間もかけてチューブをエレインの喉に挿入しようとした。

その間にエレインの顔は青くなり（明らかな酸素不足の兆候）、心拍数は危険なほど低下した。看護師たちは、エレインに呼吸困難、顔面蒼白、血圧異常、身体痙攣（これも酸素欠乏のサイン）などの兆候を観察していた。それでも手術担当医らは気管にチューブを挿入することに集中し、危険な兆候を無視していた。たまらず看護師の1人が気管切開の準備をしたが、医師たちからは無視された。ニュー・ステイツマン誌に掲載された記事によると、「ある看護師が集中治療室に電話をして、すぐにベッドを用意するように伝えた。医師たちにそのことを知らせたが、過剰な反応をするなという態度をとられた[26]」という。麻酔担当医のリーダーは後に、そのとき状況をコントロールできなくなっていたことを認めている。

それは事実だった。だがもっと大きな問題はコミュニケーションが壊滅的な状態にあったことだ。リーダーの立場にある医師たちは、経験を積んでいるにもかかわらず、部下の提言を無視し、結果として集団的な知性を低下させた。問題に気づいていたメンバーもいた。対処策を提案した者もいた（気管切開の準備をした看護師など）。しかしこの手術室には、無視されたり却下されたりすることなく安心して意見を述べるのに必要な「心理的安全性」が欠けていた。

マーティンの目には、病院は時代遅れの縦社会に映った。頂点にいるのは医師だ。傲慢で、ほとんどが男性で、自分の欠点に目を向けたり、誰かに質問したりすることを嫌がる。次に位置するのは麻酔専門医だ。外科医の補佐的な役割を受け入れ、手術室でもサポート役に徹しようとする。一番下に位置するのが看護師だ。病院の成功のカギを握っているのはこの看護師たちだが、医師たちからは軽く扱われすぎている。そこは学歴で人間の序列が決まる世界で、看護師は粗野な医師たちから尊敬されるような特別な資格を持っていなかった。

だがマーティンが冷静に示しているように、フィードバックに対してオープンでない限り、チームは全員の才能を活かすことはできない。「学ぶことのできる組織であるためには、経験や多様な意見に対してオープンでなければならない[27]」とマーティンは言う。間違いに気づいていても声を上げられないのは、縦割りの組織から生じる圧力に従わなければならないと感じるからだ。誰も波風を立てたくないし、人前で非難されたくない。エドモンドソンの調査によれば、ある看護師は投薬ミスを報告する際に「2歳児のような気分にさせられた[28]」と述べた。「もしこちらの指摘が間違っていたら、医師から怒鳴りつけられる」と語った看護師もいた。一方、優れたチームは、敵対的にならずに意見を述べあえる。みな、自分の意見が周りから尊重されることを知っているからだ。

だからこそ、心理的安全性が重要になる。チームのメンバーは、自分の決断に責任があることを知っているのと同じように、自分の意見を述べても周りから非難されたりはしないということも知っていなければならない。組織の上の立場にいる年長者の声は尊重されるべきだ。だが、その下にいる者の声にも耳を澄まさなければならない。看護師は常に生死を管理できるわけではない。それでも彼/彼女たちの意見は、組織が柔軟な発想で大きな決断を下すためのカギとなる。

心理的安全性とポジティブ感情は、組織が成功するための重要な2つの柱だ。この2つが組みあわさることで、「バズ」が生まれやすくなる。そしてバズが実現すれば、魔法のような変化が起こる。

■バズの要素を結びつける――ポジティブ感情＋心理的安全性＝バズ

ここまで見てきたように、心理的安全性とポジティブ感情はそれぞれ独立して作用することもできる。でも、この2つが同時に存在すれば、職場ははるかに活力に満ち、創造性を発揮できるようになる。つまり、「バズ」の状態になる。

以降のページでは、心理的安全性とポジティブ感情のシンプルな組みあわせの形を紹介する。表の縦軸の上下は心理的安全性の高低を、横軸の左右はネガティブ感情とポジティブ感情を表している。ここでは、ネガティブ感情とニュートラル感情は区別していない。この2つの要素が組みあわさることでどのようなメリットが得られるのかを、エビデンスに基づいて説明していく。

では、それぞれを詳しく見ていこう。

感情と心理的安全性の関係

心理的安全性	ネガティブ／ニュートラル感情	ポジティブ感情
高	**殺伐** （まれな状態）率直には話すが、ポジティブさに欠ける。透明性の力を強く信じるが、温かみが感じられない職場に見られる。安全性に関するチェックリストや手順に高い優先順位が置かれている状況にも見られる（例：航空業界）。意見は述べられるが、殺伐とした職場環境。	**バズ** 信頼に基づいた誠実な対話と、意欲を高める前向きさがある環境。率直さと高いパフォーマンスが両立するクリエイティブな職場。
低	**サバイバル** 「頭を低くして、自分の仕事を続けなさい」という圧力がある、一般的に見られる職場の状態。長時間働き（少なくともそう見せかけ）、リスクの高いプロジェクトには関わらないことを願う。	**孤立** 個人として業績を上げれば評価されるが、チーム意識が薄い職場環境。政治的な駆け引きが横行し、失業の不安が生じやすい。社員の業績のランキングが貼り出され、成果を出せば見返りもあるが、一人ひとりは孤立感を味わっている。

■サバイバル（心理的安全性＝低＋ネガティブ／ニュートラル感情）

公共部門や短期間の契約社員が多い職場によく見られる。個人の仕事の範囲が厳格に制限され、働く人たちの自律性が抑えられているために、自由に意見を述べたり、自分の裁量で小さな判断をしたりすることが憚られるという雰囲気がある。こうした環境に慣れているので、自律的な行動が認められたときは不安になり、保身的な意思決定（医学や教育の世界では特に多く見られる）をしてしまいがちだ。広告業界の大物ロリー・サザーランドもこう説明している。「医者は、何らかの処置をしたことより、何も処置をしなかったことで訴えられることが多いのを知っている。だから過剰に介入しようとして〝深刻な問題が起きる確率が1パーセントあるから、この患者に試験的な手術を受けさせる〟といったことを言う。手術そのものにもある程度のリスクがあるのに、だ。しかももし問題が起こったら、誰かに責任をなすりつけようとする。同じことが、〝家に帰ったら温かくして過ごすんだ。3日もすればよくなるよ〟と伝えればすむのに、子どもたちに抗生物質が過剰に処方されているという現実にも当てはまる」(29)

労働組合の力が強い職場もこの「サバイバル」状態にあることが多い。ただしその力学は病院とは少し異なる。従業員は、取締役会の気まぐれで解雇されたりはしないという意味では安全だ。だがこのサバイバルが当てはまる組織では、心理的には安全ではなく、自分の仕事について思っていることを発言したり、職場の改善案などを提案したりしにくい雰囲気があり、それは不満につながる。職が守られていても、必ずしも組織内に信頼関係があるわけではない。だからこのタイプの職場には駆け引きの感覚や不信感があったりする。もちろん社員の職が守られることには大きなメリットがある。ただし労働組合が強い組織では、その長い経緯の中で労働者が意欲を失っていると感じていることが少なくない。

■孤立（心理的安全性＝低＋ポジティブ感情）

研究者のカート・ダークスが、信頼がチームのパフォーマンスに及ぼす有効性を調べるために行った実験は、とても説得力のある結果を示している。3人1組のグループに分けられた被験者の学生には、それぞれ独自の色がついたブロックが与えられ、短時間でできるだけ高いタワーをつくるように指示される。グループとしてどれだけ高いタワーをつくれたかという点と、個人としてそれにどれだけ貢献したか（自分の色のブロックがタワーにどれだけ含まれているか）という点の2点から成績は評価され、学生には単位やお金などの報酬が与えられる。ダークスは一度この作業を行わせた後に介入を行い、まず各被験者に特定の性格特性を演じるように依頼し、次にチーム内の他のメンバーの動機について疑念を抱かせるために、「他のメンバーは〝信頼できる〟または〝信頼できない〟キャラクターを演じることになっている」と伝える。その後、グループに再度、タワーをつくる作業を行わせた。

その結果、被験者が他のメンバーは信頼できるまたはできない（実際には特定のタイプの人格を演じていただけ）と見なすことで、グループのパフォーマンスに影響が生じることがわかった。お互いの信頼感が高い場合（被験者が他のメンバーは信頼できるキャラクターを演じていると伝えられていたグループ）ではタワー構築で良い結果が記録されたが、信頼感が低い場合、成績は個人レベルでは優れていることが多かったが、チーム全体としてはそれほど良くなかった。(30)

ただし、このような孤立した状態は必ずしも悪いものではない。特に独立して働くことが求められる職種にとってはそうだ。ジャーナリストや開業医、外回りの営業担当者などは、チームの力を常には必要としない。それにたとえそれが孤立を伴うものだとしても、こうした独立した働き方に大きな価値があるのも事実だ。それでも、個人の動機がどうであれ、グループの信頼が損なわれると何かが失われてしまう。周りと協力しなければ、同じ考えを持つ人とアイデアを交換して問題に対する良い解決策を見つけたり、創造的なイノベーションを生み出したりする機会を逃してしまう。またメンバーが孤立していると組織としての経験や知識が蓄積されない。その結果、個人がいなくなるとノウハウも消えてしまう。

もう1つ問題がある。たとえ個人が自らの仕事に満足していても、職場の心理的安全性のレベルが低ければ大きな進歩や飛躍は望めないということだ。リスクを避けようとする意識が強いと、積極的にイノベーションを探そうとしなくなるからだ。ロリー・サザーランドは言う。「私は時々、市場調査は実際には行われていないものが多いのではないかと不安になる。それは実施者が都合の良いデータを捏造しようとするからではなく、むしろ都合の悪いデータを隠そうとするからだ。恐怖は想像力を弱らせる。ヘマをして解雇されることはあっても、想像力が足りなくてクビになることはめったにない[31]」。波風を立てずに当たり障りのない決定をしようとする人が多いのはそのためだ。「私たちは物事を決めるふりをして、実際には決断を避けている。なぜ巨大な委員会が存在するのか？　それは誰もが自分に降りかかる責任から逃れたいからだ。その典型例が、お役所仕事の悪い部分が現れている組織に見られる。この手の職場では、〝下手な真似はしないに限る。そうしておけば、一生、仕事は安泰だ〟という雰囲気に支配されている」

■殺伐（心理的安全性＝高＋ネガティブ／ニュートラル感情）

この条件が当てはまる職場はあまりない。この2つの要素に矛盾があることは明らかだ。自分の意見は安心して述べられても、ポジティブな気持ちが保ちにくいような職場とは？　ブリッジウォーター・アソシエイツは世界的に有名な投資銀行だ。創業者のレイ・ダリオは、その著書『PRINCIPLES』（邦題『PRINCIPLES（プリンシプルズ）人生と仕事の原則』、日本経済新聞出版）の中で、自らを「投資業界のスティーブ・ジョブズ」と称賛した新聞記事を集めていると記しているような人間で、成功の秘訣はデータを駆使して投資プロセスのあらゆる側面を評価することだと考えている。たとえば、会議でのパフォーマンスを参加者がお互いに採点する（ダリオもその対象になる）。「レイ、あなたの前回の会議でのパフォーマンスは〝D〟でした」という社内の人間から受けとったメールを、ダリオはこうしたカルチャーが組織内に健在であることの証拠だとして誇らしげにアピールする。

同書やインタビュー、TEDトークなどでダリオがこのエピソードを繰り返し語っていることに、こうした組織のあり方に対する危険性を感じざるを得ない。ここまで徹底して率直な意見をぶつけあえば、それによって得られるメリットも組織内の冷たい雰囲気によって相殺されてしまうことは想像に難くない。ブリッジウォーター・アソシエイツの離職率の高さもそのことを物語っている。端的に言えば、このような職場は楽しく働ける場所ではないということだ。本音で議論するのには役立つかもしれなくても、殺伐とした雰囲気があまりにも強ければ、社員は「こんなところで短い人生を無駄にしたくない」と会社を辞めてしまうのだ。

ニュートラルな感情と心理的な安全性は、職場が社員を幸福にすることよりも、心理的な安全性を構築することに熱心な場合に共存していることが多い。たとえば航空業界のCRM、登山における標準的な安全手順、病院の運用ガイドラインなどは、業界や職場が安全を確保するために導入するものだが、その際、そこで働く人たちを幸せにすることは特に念頭に置かれていない。

■バズ（心理的安全性＝高＋ポジティブ感情）

活気溢れる雰囲気の中で、自由に意見を言えるチームは最強だ。アイデアは次々に生まれ、チームの行く手を阻むものは何もないように見える。この心理的安全性とポジティブ感情の組みあわせこそが「バズ」の状態だ。

もちろん、言うは易く行うは難し。率直に意見を述べることと、楽しい気分で働くことのバランスを保とうとするのは簡単ではなく、絶え間ない努力と細やかな注意が必要になる。バランスを崩せば、メリットはすぐに消える。とはいえ、だからといって、バズは目標にする価値のないものでも、達成できないものでもない。

ピクサーの社長エドウィン・キャットマルは、同社の歴史をテーマにした優れた回顧録の中で、この会社に初期から見られた熱気を保ちながら、上の立場の社員に直接的に意見を述べる（心理的安全性）ための、同社が編み出した効果的な方法について述べている。それは「ブレイントラスト」と呼ばれるレビュー会議の形をとる。キャットマルはその著書『*Creativity, Inc.*』（邦題『ピクサー流 創造するちから――小さな可能性から、大きな価値を生み出す方法』、ダイヤモンド社）の中で、この会議の目的は、「聡明で熱意のある人を集め、率直な意見交換を通じて、解決すべき問題点を明らかにすること」だと述べている。ただし、そこにはとても明確なルールがある。それは率直さが誰かを傷つけるようなものになってはいけないということだ（実際、キャットマルによれば、それは〝とてつもなく素晴らしい〟ものになっている）[32]。

特に重視されているのが、プロジェクトの中心人物（やプロジェクトリーダー）の尊厳が損なわれないようにすることだ。完成前の作品の試写会（スケッチや編集段階の映像の場合もある）に招待されたピクサーのチームの面々は、問題だと感じた点を率直に指摘する。レビュー対象のストーリーボードやフィルムクリップに対して、誰でも意見ができる。ただし、「提案」はできない。「ブレイントラストでは、解決策ではなく根本的な問題を明らかにすることを目的にしている」。僕たちは職場であれ家庭であれ、つい問題解決モードに入ってしまい、目の前にいる人に「こうすればいいのに」と言ってしまう。しかしブレイントラストではそれを避ける。解決策は提案せず、ただ意見を述べるだけ。ピクサーはこのようにして、それぞれが率直に意見を口にしながら、ポジティブ感情が生じる活気に満ちた創造的な雰囲気を失わないようにしているのだ。

ピクサーを買収したウォルト・ディズニー・カンパニーのCEOボブ・アイガーは、ブレイントラストのアプローチをディズニーでも採用した（ディズニーでは「ストーリートラスト」と呼ばれている）[33]。このプロセスによって、人々に愛されている同社の作品のいくつもの名シーンが誕生することになった。たとえば『アナと雪の女王』では、もともとエルサは、面倒くさい性格をした丸顔の山男クリストフに悩まされることなく、妹のアナと仲良く幸せに暮らしていくという設定だった。トラストを実施する前は、アナとエルサは姉妹でさえなかった。[34]トラストは、おかしいと思ったことは率直に意見できるが、それをどう改良するかは制作チームの創造性に任される。

簡単には口に出しにくい質問をすることが促される職場は、陰険な空気に包まれているわけではない。バーバラ・フレデリックソンが言うように、「心理的安全性とは、間違いの指摘、質問、助けを求めることを、誰もが罰せられたり馬鹿にされたりしないでできること」だ。こうした環境では、人は建設的な気持ちで相手の意見を受け取り、それを自分の仕事に最大限に活かそうとする。第3部の「バズ」では、このような職場環境を実現するための方法を説明する。フレデリックソンはその基本的なルールとして、誰でも質問ができ、疑問があればそれを口に出せる雰囲気が必要だと述べている。「あなたの意見を聞かせてほしい。私に足りないものを補ってくれるはずだから」という共通理解を誰もが持つことが大切だ。

僕たちは日々、職場で小さなリスクに直面している。顧客に何かを勧めたり、何かを売ったりする行為は、程度の差はあれ僕たちの会社での評判を危険にさらすものになる。失敗するかもしれないという恐れは、仕事への態度に影響する。そのことが気になり始めると、解雇される（訴えられる）かもしれないという強い不安の中で毎日を過ごすことになる。逆に言えば、こうした恐れのない安心できる職場では、仕事の質が高まる。

この間、知りあいからこんな話を聞いた。ある有名なIT企業で最近幹部になった人物が、上司のジェリーが不在のときにやってきて、「このチームの状況が急速に改善しなければ、ジェリーは私に解雇されることになるだろう」と言ったのだという。もし場所を変えてこの幹部に発言の真意を尋ねたとしたら、言葉の弾みでそう言っただけだと答えるかもしれない。だが、送り手と受け手によって言葉の解釈は違う。そのギャップはゴシップや噂、疑念の泥沼になりかねない。たとえ冗談のつもりであったにしても、この幹部はその言葉によって、チームにこの職場は心理的に安全な場所ではないというメッセージを発信することになったのだ。

このアプローチを意識的な戦略として採用している企業もある。ネットフリックス社の行動規範を記した「ネットフリックス・カルチャー・デッキ」は、２００９年に初めてウェブ上で公開されると、その大胆な率直さで大きな話題を呼んだ。この文書が明らかにしているように、ネットフリックスの従業員は、それなりの働き方をしているだけでは、まず解雇されるだろう。[35]

これが、ネットフリックスの元最高人事責任者パティ・マッコードが偉大なチームについて「家族」という言葉を使うのを拒否した大きな理由だ。どんなにひどいクリスマスディナーをつくっても、お母さんはクビにはならない。どれだけ家の中を泥だらけにしても、弟の名前が家族のワッツアップ・グループから消えることはない。もちろん、職場と家族は違う。それでも、心理的安全性が存在するためには、先入観を持たれたり拒絶されたりすることなく、人から受け入れられるという安心感が必要だ。心理的安全性は実現するのが簡単ではないため、それを最初から放棄する企業もある。

バズの状態に到達するのは、たしかに難しい。でも、職場で心理的安全性とポジティブ感情の組みあわせを実現できれば、驚くべき効果が得られる。ではこれから、バズをチームにもたらすための、科学的なエビデンスに基づいた10の方法を見ていこう。

バズ 1

仕事を「解決すべき問題」としてフレーミングしよう

■「ネガティブな情報」が経営陣に届かなかったノキアの失敗

2008年から2014年のわずか6年間で、携帯電話大手のノキアは企業史上最も劇的な転落劇に見舞われた。それまでの同社は約4割もの世界市場シェア（ライバルの2倍以上）を誇り、難攻不落だと思われていた。たしかにアイフォーンやアンドロイド、ブラックベリーはそれぞれ、携帯電話市場の「高級品」、「ベーシック」、「ビジネス」セグメントにおけるノキアの支配に食い込もうとしていた。だが、フィンランドの巨人は新OS「シンビアン」でライバルの追撃をかわせると確信していた。この判断ミスが命運を分けた。

キャス・ビジネス・スクールのアンドレ・スパイサーによると、この見立てが問題であることは簡単に見極められたはずだという。シンビアンは動作が遅く、アップルの新型のアイフォーンよりも数世代も遅れているように見えた。ノキアの社員もこのOSに見込みがないことに気づいていた。スマートフォン分野ではイノベーションが爆発的に起こっていて、どう見てもノキアの製品は競争力に欠けていた。

だが、誰もそれを口に出せなかった。スパイサーはその理由を次のように説明している。「社員は悪いニュースを上層部に伝えることを恐れていた。否定的な考えを持っていると見られたくなかったからだ。社内がオープンな雰囲気を保つには、明るい情報だけを伝えるべきだという無言のメッセージを受け取っていたのだ」[1]。その結果、2014年、ノキアの市場シェアは以前の約4分の3に減った。フィーチャーフォン市場ではかろうじて持ちこたえたが、スマートフォンでは大敗だった。その年、かつては業界の草分け的存在だった同社は、最後の望みをかけてマイクロソフトに売却された[2]。

僕たちは時々、間違っているのではないかと疑っていても、そのまま物事を進めてしまうことがある。このとき問題になるのは、目の前の課題をどのような枠組みでとらえているかという点だ。

もし会社の幹部を喜ばせるという発想でアプローチすれば、幹部の目を気にしながら課題に取り組むことになる。逆に、課題を全員で（「柔軟な謙虚さ」を持って）解決しなければならない問題だととらえることができれば、チームははるかに大きな力を発揮できるようになる。その言葉が示すように、「フレーミング」とは人の物の見方を形づくるものだ。

エイミー・エドモンドソンは、それは命を救えるとさえ言う。たとえば彼女は、オーストリアの神経科医・精神科医ヴィクトール・フランクルがアウシュビッツの恐怖に耐えられたのは、収容所で見た勇気の物語を世界に伝えるために生き延びなければならないという枠組みで状況をとらえていたからだと主張している。[3] 悲劇的な体験を生き延びてきた人々を長年研究してきたローレンス・ゴンザレスも、人々がこうした状況を生き延びられるかどうかは、それをどのようにフレーミングしているかによって大きく左右されると述べている。生存者たちの証言によれば、自らが置かれた状況を不条理な不運だと見なしていた仲間たちの多くは、その考えから抜け出せずに苦しみ、最終的に命を落とした。だが柔軟な謙虚さを持ち、目の前の状況を解決しなければならない問題だととらえた人たちは、それを乗り越える可能性がはるかに高かった。[4]

■「個人の挑戦」ではなく「チームの挑戦」とフレーミングする

エドモンドソンがアメリカの複数の大手病院を対象に行った心臓手術に関する研究も、このことを強く裏づけるものになった。最近まで、標準的な心臓手術の方法は効果的であると同時に、心臓に到達するために患者の胸骨を切開し、胸郭を引き離すというかなり残忍なものだった。しかし2009年以降、肋骨の間から心臓に到達するという鍵穴手術の技術が利用できるようになった[5]。このアプローチには、それ以前の方法よりもはるかに侵襲性が低く、回復時間も大幅に短縮できるというメリットがあった。ただし、以前よりもはるかに複雑でもあった。以前のように直接心臓に到達するのではなく、鼠径部にある動脈と静脈を経由して到達しなければならない。ある看護師は言った。「新しい方法の一番難しいところは、見えないことだ。動脈からの出血などの異常があっても、それを肉眼で確認できない。以前のように胸が開いていたときはこのような問題はなかった」

この新しい手術法を開発したチームは、熟練した外科医がこれに慣れるには約8回の実施経験が必要だと見積もった。だが実際には、ほとんどのチームがこの手順をマスターするのに40回の手術を経験する必要があった。

ただしフレーミングという観点から興味深いのは、成功と成功までの速度が、個々の外科チームがどのようにこの挑戦にアプローチしたかに深く関係していたということだ。あるチームは古典的な「トップダウン」方式を採用した。主任外科医が主導し、他の者は観察する。主任外科医は頭部カメラの装着（自分のしていることを他のメンバーが観察できるようになるが、本人には特にメリットはない）を拒否したりすることが多く、手術の細かな点についてのチーム内での込み入った議論も敬遠した（メンバーからの質問には、その場にいる部下の医師に答えさせるように指示する傾向が見られた）。

しかし、他のチームはエドモンドソンが「学習アプローチ」と呼ぶものを採用した。それは「トップダウン」を試みて失敗した後のケースが多かった。この学習アプローチでは、主任外科医は代理は自ら選ぶものの、チームの残りのメンバーの選定は各分野のリーダーに任せた。新手法での手術に臨む際にもそれが大きな挑戦であることを個人的な言葉（「私はこの技術を習得しなければならない」）ではなく、チームの挑戦という枠組みでとらえて強調し、これから行う複雑な手術では全員に果たすべき役割があることを明確にした（「この手術を成功するために全員で取り組まなければならない」とある外科医は言ったという）。

新しい手術法を導入してから20件の手術を終えると、トップダウン方式のアプローチをとっていたチームの外科医は「我々はあまり上達していないようだ」とコメントした。その後間もなくして、その病院はこの革新的な手術方法を放棄した。対照的に、学習アプローチを採用したチームは著しい成功を収めていた。40件の手術の後で、さらに困難な症例の患者も受け入れ始めた。これらのチームの熱意や意欲が高かったとエドモンドソンは述べている。ある看護師は「患者の経過がとても良いのがわかる。とてもやりがいのある経験だった。手術のメンバーに選ばれて本当に感謝している」と語った。

また、チーム内には強い信頼関係があった。あるメンバーは主任外科医をこう評価した。「とても近づきやすい。オフィスでもいつも、2秒の距離しか離れていない場所にいる。何かを説明するときはじっくりと5分はかけてくれるし、相手を小馬鹿にしたような態度はとらない」。「誰もが自由に意見を口にできるオープンな環境がある」とある看護師は言った。自分はなんでもわかっている、というふうに振る舞う人もいない。主任外科医は頭部カメラを装着してチームを助け、全員からフィードバックや質問を募る。

手術室で築かれた信頼関係は病院全体にも広がった。スタッフ全員が、意欲が高まる真の目的意識を持つようになり（「私たちはこれを患者のためにしている」という感覚）、問題の解決策を集団で学ぶようになった。

■チームが力を発揮するための3つの方法

もちろん、誰もが病院スタッフのように人の生死を扱う状況で働いているわけではない。だがこのフレーミング技術はあらゆる職場に応用できる。目の前の仕事を個人的な狭い範囲のものではなく、広く大きな枠組みでとらえる。「このプロジェクトはこれまで経験してきたものとは違う。新しいアプローチを試し、そこから学ぶための挑戦的で刺激的かつエキサイティングな機会になる」というふうにフレーミングすべきだとエドモンドソンは言う。そうすれば、チームで取り組むことが必要になるとすぐに気づくはずだ。「自分はこのプロジェクトを成功させるために重要な役割を担っているという自信を持つ。同時に、それは1人では達成できず、他人の積極的な協力が必要だということも自覚する」
ここで重要になるのが前述した「心理的安全性」（253ページを参照）だ。チームの観点で課題や問題をとらえるためには、全員が軽く扱われたり批判されたりすることを恐れずに自由に発言できなければならない。エドモンドソンは、これを実現するための3つの方法を提案している。1番目は仕事を「実行すべきもの」ではなく「学ぶ機会となる問題」としてとらえること。そのために「自分たちはまだこの問題をどう解決すべきかをよくわかっていない」という意識を共有する。職場には「なんでも知っている」というふうに振る舞わなければならないプレッシャーがあるものだし、「これはこうだ」とはっきり断定する人の意見が認められがちだったりする。でも、個人やチームが真の成長を遂げるためには、「誰もがすべての答えを知っているわけではなく、全員の意見に耳を傾けることが必要だ」という認識を出発点にしなければならない。[6]
それと深く関係しているのが、「自分の誤りを認める」というエドモンドソンの2番目のアドバイスだ。リーダーは、「自分の考えには何か抜けがあると思う。だから意見を聞かせてほしい」という態度をとる。相手は自然と発言を促される。3番目のアドバイスは、「好奇心をはっきりと示し、他の人にもそれを促す」[7]だ。
トップダウン方式のアプローチを採用した病院の例が証明しているように、職場で心理的安全性を実現するのはとても難しいことだ。それを実現するために必要なものが学歴と知性だけなら、優秀なチームは苦労しないはずだ。**だが実際に必要になるのは、オープンで謙虚な態度を養うことだ。**職場でも人生でも、人は確実なものを目指そうとする。しかし、心理的に安全な状態では、チームは「自分たちはまだ答えを知っていない」という不確実性の感覚を共有し、疑問があればそれを口にする必要がある。この感覚には慣れるまでに時間がかかるし、落ち着かない気持ちになることもあるだろう。だが、結果としてチームの信頼は増すことになる。

まとめ

- 毎週のチームミーティングの議題を1回飛ばして、チームの最終的な目標は何かについてあらためて話しあってみよう。
- 「自分はこのことをわからない」と言う練習をしよう（他のメンバーにも促そう）。
- 視点を変えて物事を見ることを恐れない。「こうしてみたらどう？」とアイデアをぶつけてみよう。
- チームでまったく新しいものを一緒に見て、さまざまな疑問点を挙げてみよう。これは意見を述べることではなく、何かを発見するために行う。こうした場で提起されたさまざまな質問の形は、チームがプロジェクトの解決策をより自由な発想でとらえていくための探索に役立てられる。

バズ 2

間違いを認めよう

■チームを「ざっくばらんな雰囲気」で満たす

職場にポジティブな雰囲気があることの重要性や、バズが周囲にも良い影響を与えることについては説明してきた。ただし、これを実現する方法を考えるときには注意が必要だ。人が何を感じるかは強制できない。そんなことをすれば、相手は白けてしまうだけだ。当たり前だけど、誰かに幸せで楽しい気分になれと言われて、なれるものではない。僕たちにできることは、ポジティブな感情が高まるような環境をつくることだ（「シンクロナイズ4」と「シンクロナイズ5」を参照）。

多くの企業が望む「オープンかつ率直に意見が言える雰囲気」にも同じことが当てはまる。このような価値観を建前としては掲げていても、それを実践する具体的な方法を示さない企業には胡散臭さが漂う（たとえば、金融業界では個人に不正の証拠を公表する権利があることが強く謳われているにもかかわらず、バークレイズ銀行のCEOジェス・ステイリーは自らの不正の証拠を提出した内部告発者を強引な方法で特定しようとし、ほとんど制裁も受けなかった。イギリスの金融サービス規制当局とバークレイズ銀行は激しく批判された[1]）。それでも、マイナスの影響を生じさせることなく、率直に意見を言いあえる雰囲気をチーム内につくる簡単な方法がある。

しばらく前、僕はイギリス特殊部隊の指揮官を務めるジョナサンという男性と時間を過ごす機会に恵まれた（ポッドキャストの番組向けにインタビューしたかったが、軍のエリート機関は秘密主義が強く、音声認識ソフトで本人が特定されるかもしれないという懸念もあったので、残念ながら断念した）。

特殊部隊の隊員は厳しい選抜プロセスを乗り越えなければならず（9割以上が脱落する）、強い価値観も植えつけられる。だがジョナサンの説明によると、こうした価値観は軍隊全体に共通しているものの、チーム単位での行動規範を通じて深められていくものなのだという。こうした局所的なレベルで培われる価値観は、上から強制されるのではなく、中隊内のチームレベルで定義されることが多く、それだけに自然で真実味がある。それは「自尊心」や「規律」といった古くからある軍隊の価値観や、徹底して高みを目指す特殊部隊の精神を補完するものになる。

世間では、軍隊は階級と命令がすべての世界だと思われている。だがジョナサンは、軍隊は常に命令が飛び交っている場という認識が間違っていると丁寧に説明してくれた。

「部下に直接的な指示を出すときには、それに至る過程で指揮官である自分にミスがあったかもしれないことを自問しなければならない。つまり、命令が必要になるのは、その部下がすべきことをしていないからだ。それは、リーダーシップがうまくとれていないことの証しでもある。軍隊の行動が、すべてが命令で成り立っているわけではない。命令だけで、リーダーシップを持続させることなどできない」

■イギリス特殊部隊の「良い振り返り」

軍が命令だけで動く単純なトップダウン型の組織だという認識が間違いであることを明確に示す例として挙げられるのは、定期的な報告の場だ。ジョナサンはこれを、日次の「ホット・デブリーフ」と呼んでいる。アフガニスタンのヘルマンド州にあるバスティオン基地に駐留していたとき、毎日、部隊は埃と雲に覆われた野営地を出発して地域をパトロールし、必要に応じて敵と交戦した。

部隊が基地に戻ると、リーダーであるジョナサンは数時間のパトロールの内容をチーム全体で振り返った。「リーダーがチーム全員に安心感を与える一番の方法は、メンバーが自分のパフォーマンスについて率直に意見を言える雰囲気をつくることだ。〝今日、私はこんなミスをした。次に同じことをするなら、こうすればいいと思う〟というふうに各メンバーが素直な意見を口にできれば、チームはそれぞれが経験したことを全体として効果的に学べる」。それは、みんなの前で懺悔することではない。良いことも悪いことも含め、自分がチームのためにしたことを率直に報告しあうのが目的だ。

その後も今後の改善に向けた幅広い議論が行われる。短時間ではあるが、内容は網羅的で、全員に発言の機会がある。「通常は10分から15分で終わる」。パトロール用の装備を装着し、立ったまま実施するので、記憶が新鮮なうちに短い時間で振り返りを行っていることを強く意識できる。最後に、リーダーが総括し、今後、チームがとるべき行動をまとめる。

とても簡単な手順だが、そこにはこの振り返りを極めて効果的なものにしている要素がいくつか含まれている。まず、これが即時に実施されていること。1日の作業を終えてから振り返りをするまでに時間的な間隔がない。ジョナサンは、これは民間の企業にも応用できると言う。「企業では、我々の任務に相当する顧客との会議やプレゼンなどの業務を終えた直後に、振り返りをすることは少ない。事前に15分間でもレビューをすると決めて実施すれば、会議の印象を鮮明に記憶できるようになる。これを実施しない限り、せいぜいメールで会議の内容を伝えあうに留まる。いざレビュー会議を行おうとしても、そのときにはもう記憶が薄れていて、会議は問題なく行われた、という程度のことしか確信をもって主張できない」。ホット・デブリーフは1日の業務を終えた直後に実施するので、このような事態に陥ることはない。

2番目は、メンバー全員、特に指揮官がミスや改善案を話すことだ。「メンバーが個人的な失敗を全員に報告することで、チームは多くを学べる」。ジョナサンは、「我々にとって訓練こそがすべてだ」と言う。エリート部隊は、未知の事態に対応するために徹底的に基本的な行動を叩き込まれる。「我々は準備に何年も費やす。サンドハーストでの1年間のコースは訓練ではなく、選考プロセスの一部と見なされている」。ジョナサンは「だから我々は、海軍特殊部隊の〝プレッシャーの下でできるのは、訓練したことだけ〟というモットーに同意している」と締めくくった。

敵対せずに意見交換することも、メンバーが「プレッシャーの下で適切な行動をとる」ために不可欠なグループ内での信頼を築くのに役立つ。お互いを信頼しているからこそ、判断をできる限り下の立場の人間に委ねられる。中隊では、十分な準備をしていれば、その場にいる誰もが正しい判断を下せると考えられている。

ホット・デブリーフを実施しているのは軍だけではない。スポーツチームも同様のアプローチをとり、試合中の途中休憩を利用して、良い点と悪い点、軌道修正すべき点を話しあう[2]。これはビジネスでも使える。研究者のコニー・ガーシックは、期限のあるプロジェクトではその中間点になるとチームのメンバーは自分たちの方法に疑問を持ち、計画を修正することに意欲を示すようになると指摘し、スポーツの試合のハーフタイムと同じように、病院や銀行、経営コンサルタント、大学などのプロジェクトでも、中間地点で戦略を見直すのが最適だと主張している[3]。

チームが立ち止まり、たったいま起きたことについて正直に話しあう。変化の速い世界では、すぐに「申し訳ない。こんなことがあった」と言えることには、とてつもなく大きな価値がある。自分の過ちを躊躇せずに認められることは、心理的安全性のある環境につながる。それは、職場に計り知れないメリットをもたらしてくれるのだ。

まとめ

- 問題が起きたらすぐに話そう。
- リーダーが率先して自分のミスや改善点について発言しよう。
- 他のメンバーの発言を促そう。
- 「申し訳ない」の後に、「でも……」と言わないようにしよう。言い訳めいたことは避け、素直に事実を伝えよう。

バズ
3
チームを少人数にしよう

■「最高のチーム」と「最低のチーム」の生産性の差は2000倍！

あるとき、エール大学のスタンリー・アイゼンスタットは学生から講義の課題にどれくらい時間がかかるかと尋ねられ、まったく見当もつかなかった。好奇心を持ち、今後、学生に指導する際の参考になるとも考え、いま講義を受講している学生たちが課題を終えるまでにどれくらいの時間がかかっているかを調査することにした。その結果は驚くべきものだった。学生によっては、他の学生のわずか10分の1の時間で課題を終えていたのだ。これはその学生が優秀だったというよりも、単に効率的だったという理由が大きかった。しかも、課題に費やした時間と点数の間には相関関係はなかった。

ソフトウェア開発者のジェフ・サザーランドは、アイゼンスタットの発見に大きな興味をそそられ、同じ調査をビジネスの世界にも当てはめることにした。他よりも10倍も速く課題を仕上げる学生がいるのなら、効率的なチームは普通のチームよりもどれだけ速くプロジェクトを完成できるのだろう？　もしその答えが10倍だとしたら、仕事の速いチームが1週間で終えられる作業に、遅いチームは2ケ月半もかけることになる。これは企業の生産性に甚大な影響を及ぼす違いである。

サザーランドは会計からソフトウェア開発、IBMのような企業の技術職のものを含む3800件ものプロジェクトを対象とした研究結果を横断的に調査した。そして、10倍という差など話にならないほどの大きな違いがあることを発見した。チーム構成の複雑さや、議論、プレゼンテーション、ステータス会議、メール、レビューなどのさまざまな要素を考慮に入れると、うまく管理されていないプロジェクトに費やされる時間は指数関数的に増えることがわかった。「最も優秀なチームが1週間でできることを、遅いチームは10週間かけてもできていなかった」とサザーランドは結論づけた。「2000週間もかかっていたのだ」

最後の文を二度見した人は多いはずだ。最高のチームと最低のチームの間に2000倍も差があるなんて、極端すぎる。そんなわけはない。何かが間違っているに違いない、と。だが、新聞で目にする大規模なインフラプロジェクトのことを思い浮かべてほしい。なぜプロジェクトXがそんなに早く予算内で終わり、なぜプロジェクトZは遅々として進まず、予算が膨れあがる一方なのか。そして、なぜ――ジェフ・サザーランドらが現れるまで――ソフトウェアプロジェクトは常に遅れ、予算を超過し、品質が悪いことで有名だったのか。

人々は単純なプロジェクト（ロゴのデザイン、顧客向けのパンフレットの作成、ウェブサイトでの注文プロセスの開発）でさえ複雑にしてしまい、必要以上に時間をかけてしまっている。終わりのないレビューや議論に巻き込まれ、ロリー・サザーランド（ジェフ・サザーランドとは無関係、264ページを参照）の言う「保身的な意思決定」の罠に陥っている。[1]

■「スクラム」で実現する〝超生産性〟

ジェフ・サザーランドは多くのチームのパフォーマンスの悪さにショックを受け、「スクラム」と呼ばれる新しい開発手法を考案した。スクラムは、小規模な開発チームが合意した目標を達成するためのコラボレーションを可能にするシステムだ（その後に登場した開発手法である「アジャイル」とも少し似ている）。当初は複雑なソフトウェアプロジェクトの遅れに対処するために採用されていたが、現在ではウェブ開発に関わる大手企業でも採用されている（グーグルやフェイスブックなど）。さらに業界を超えて広がり、米軍（なんと軍艦の建造に採用されている）やBBC、ブリティッシュテレコムBT2のような組織にまで及んでいる。[2]

何よりそれが効果的であることが、口コミで広がっている理由だ。「スクラムをうまく実施しているグループは〝超生産性〟を実現している」とサザーランドは言う。「にわかには信じがたいが、生産性が300から400パーセントも向上しているケースは珍しくない。800パーセントの生産性向上を達成し、その成功を何度も繰り返しているチームさえある。しかも、仕事の質も2倍以上に高まっている」

スクラムの方法論についての詳しい説明は控えるが、簡単に言うとそれはチームメンバーが定期的に集まって未処理のタスクをレビューし、議論をして早急に行うべきものを決定し、それを短期間（通常は1週間から1ケ月間、「スプリント」と呼ばれる）で完了させるという手法のことだ。

注目すべき特徴は2つある。1つは「バズ2」で説明したホット・デブリーフに近いものだ。ホット・デブリーフは一種の事後分析で、レビュー対象のイベントやプロジェクトが終わると、できるだけ早く実行するというものだ。これに対し、スクラムでのミーティングは事前分析（「バズ9」を参照）のようなもので、毎日同じ時間に開かれ、進捗状況や重点を置くべき点、問題点などについての素早い意見交換を行うことを目的とする。

時間は15分以上かからず、ホット・デブリーフと同じように単純な質問をすることで、シンプルに実行に移せる答えを導いていく。昨日、チームがスプリントを終えるために何をしたか？ 今日、チームがスプリントを終えるために何をするか？ どのような障害がチームの行く手を阻んでいるか？

もう1つの注目すべき特徴は、チームの大きさを重視していることだ。問題が起こると、その解決のために多くの人間を投じたくはなるが、それで良い解決策が導かれることはめったにない。**サザーランドは、チームはできる限り少人数に保つべきだと考えている。理想的には7人。その前後1、2人までが適切だ。**

その根拠として、サザーランドは、「遅れているソフトウェアプロジェクトに人を投じると、プロジェクトはさらに遅れる」という「ブルックスの法則」（1975年にアメリカのソフトウェアエンジニア、フレデリック・ブルックスによってつくられた）を引きあいに出している。

「時間をかけて誰かに説明して代わりにやってもらうより、自分でしたほうが早く仕事を終えられる」という、よくある状況を体験したことがある人は多いはずだ。だがサザーランドが小さなチームを支持するのはもっと根本的な理由による。それは、チームに人を加えるとコミュニケーションチャネルが増えるという点だ。そのための公式さえある。サザーランドは言う。「グループの規模がもたらす影響は、チーム内の人数に、その人数から1を引いた値を掛けて2で割ることで導ける（コミュニケーションチャネル＝n（n－1）/2)」。わかりやすく説明す

チームの人数とコミュニケーションチャネル数

チームの人数	コミュニケーションチャネル
5人	10
6人	15
7人	21
8人	28
9人	36
10人	45

るために、上の表にその数を示す。

チームの規模をコミュニケーションチャネルの数という観点からとらえてみると、大きなチームに問題があることはすぐにわかる。すぐに負荷が大きくなり、混乱してしまうということだ。サザーランドは言う。「我々の脳は一度に多くの人間に対処できないようにできている。だから人数が多いと、全員が何をしているのかがすぐにわからなくなる。そしてそれを理解しようとするために、ペースを落とそうとする」。これはプロジェクトに取り組む集団だけではなく、幅広い種類の集団作業にも当てはまる。

たとえば、必要以上の人数が参加すると、会議は必然的に遅くなる。さまざまな人々が会議に関わることは魅力的ではあるが、5分で終えられる対面での打ちあわせや、10分で終わるはずの進捗会議が、雪だるま式に大きくなり、大勢が参加する1時間のプレゼンテーションになる。手間のかかるスライドを準備しなければならないし、会議が終わっても延々と質問が続くことになる。サザーランドはそのキャリアの中で、こうした無駄な集まりを数え切れないほど見てきた。物事を大きく、形式的なものにすることで、単純な仕事に大量の時間をかけてしまっているのだ。「数分で終えられる会議に、数時間もかけてしまう」

■会議は「本当に必要なメンバー」だけで開こう

世界トップクラスの経営チームを顧客に抱える世界的に有名なコーチ、パトリック・レンシオーニは、この原則は企業のトップにも当てはまると言う。大規模なプロジェクトチームが非効率的なのであれば、それは大規模な経営幹部チームにとっても同じことだ。レンシオーニは、経営幹部の規模が大きすぎると、真実を言いにくくなるという空気が生まれるのも問題だと言う。

心理的安全性は、リーダーの意見にも異議を唱えられるという雰囲気がある小規模なチームの中に生まれやすい。ＣＥＯに意見ができない経営幹部は、部下に愚痴をこぼしがちになり、チームに悪影響が生じやすくなるという。自分たちをマネジメントチームの一員と見なすのではなく、部下たちを「本当のチーム」と見なすようになるからだ。「経営幹部としての不満を下にこぼせば、組織内に負の影響が広がるだけだ」。優秀な管理職は幹部に引き上げたくなるところだが、経営幹部は8人から9人までに抑えておくほうが合理的だとレンシオーニは主張する。「その人数を超えると、誰もが質問するより自分の意見を主張するようになる」[3]。サザーランドの法則は、組織全体に当てはまるようだ。

スクラムの有効性は、数多のソフトウェア開発チームによって検証されてきた。サザーランドが述べているように、大規模な会議やチームに起因する問題を解消することで生産性が8倍に向上したというチームもある。この発見は、エイミー・エドモンドソンによる病院のチームを対象にした研究（254ページを参照）ともよく似ている。エドモンドソンは、最も優秀なチームでは、問題が起きるとすぐにチームで議論し対策を考える、「迅速な、タスク中心のアップデート」が行われていると指摘している[4]。

次に会議を開くときには、いつも参加しているメンバーが本当に必要なのかどうかを検討してみよう。プロジェクトを計画するときも、メンバーが多いほど重要そうに見えると考えるべきではない。グループを小さくし、会議を短くすれば、成功を引き寄せる魔法を加えられるようになる。

まとめ

- 大人数での会議に無駄がないか自問してみよう。中心メンバー以外の人たちには、随時情報をアップデートするほうが理にかなっているのではないだろうか？
- チームがどれくらい「仕事のための仕事」をしているかを考えてみよう。その中で、簡単にやめられることは何だろう？
- 最高のチームが8人から9人を超えることはめったにないことを忘れないようにしよう。

バズ 4

人ではなく問題に注目しよう

■「社員への適切な評価」と「バズるチームづくり」の両立は難しい

ゼネラル・エレクトリック社は、ほぼ1社で近代的な経営の基礎をつくり上げたと高く評価されている。その過程において、1980年代に同社の伝説的なCEOジャック・ウェルチは新しいタイプの、いささか冷酷な人事評価手法を全社的に導入した。それはスタックランキングや強制的ランクづけと呼ばれる、従業員のパフォーマンスを数値化して評価するというものだった。

一般論として、全体に占める優秀な社員の割合はわずかで、それなりに有能な社員は多く、能力が低い社員は少ないことを知っていたウェルチは、全社員の評価の分布図は中央値が盛り上がるベルカーブ型になると主張した。ウェルチの経験則では、優秀な社員が2割、有能な社員が7割、平均以下の社員が1割になるはずだった。

この評価手法の導入には、将来のリーダー候補を探すという名目もあった。だが、業績の悪い社員をすみやかに排除するという狙いもあった。ウェルチは、下位10パーセントの社員を毎年解雇すべきだと考えていた。アメリカの労働法にも助けられた。他社もウェルチのアプローチに倣った。ウェルチがこの手法を主張し始めてからほどなくして、全企業の3分の1がスタックランキングを導入したと言われている。

スタックランキングの考え方は、ネットフリックスの行動規範を記した「ネットフリックス・カルチャー・デッキ」がリリースされたことがきっかけで、この概念に馴染みがなかった人々にも知られるようになった。パティ・マッコードと共同制作されたこの文書は、『江南スタイル』のスライドショー版のようにバイラルなヒットとなり、数え切れないほどインターネットで共有され、世界中のプレゼン資料を支配する『1つの指輪』とも呼べるほどの存在になった。その本質は、包み隠されることもない超資本主義だ。物々しい「ヘルベチカ」のフォントで、従業員は「ずば抜けた能力のある」同僚と仕事をすることになると書かれている。ずば抜けた能力のない社員には、「他社と比べて手厚い退職金が用意されている」。つまり、業績が「B」の社員は、会社を辞めるべきだと言い渡される。

ネットフリックスは素晴らしい会社だ。しかし、これは素晴らしい経営方法だと言えるだろうか？　エリート主義で人を評価するという概念はスポーツのような分野では有効だ。でも、社員を能力のある人とない人に分けるという柔軟性を欠く視点は、仕事の世界では有効ではないことをさまざまな研究結果が示している。

アメリカの企業が毎年従業員のスタックランキングの作成に200時間もかけているというのは驚きだが[1]、社員がまるでオフィス版の『ハンガー・ゲーム』の中で働かされているというのはあまり気分を高揚させてくれない現実だ[2]。何より、常に業績を細かく評価され、他人と比べられていることからくる不安感は、信頼と協力を育むために欠かせない心理的安全性を弱らせてしまう。

カリフォルニア大学の経済学者ピーター・クーンは「協力することへのインセンティブを与えれば、社員には自分ばかりを優先せず、情報を共有し、時間をかけて同僚に知識や技術を教えようとするようになる」と言う[3]。しかし、生き残り競争のような環境で社員を戦わせれば、こうした会社にとって大切な美徳は消えてしまう。個人の業績を重視しすぎる職場が、全体として業績を落とすことがあるのも不思議ではない。

前述したように、ここはバランスをとるのが難しいところだ。組織内では率直に意見を言えることが望ましい（エイミー・エドモンドソンは「直接的で実践的な言葉を使うこと。それは組織の効果的な学びに役立つ」と述べている[4]）。でも、そのことで心理的安全性が犠牲になれば、職場は「殺伐」(267ページを参照)としてしまう。メンバーに「あなたは十分に貢献していない」と伝えるのは、良いチームをつくる上ではマイナスに作用する。チームでの話しあいの場にも不純な動機が持ち込まれるようになる。目標を達成することを議論すべきなのに、お互いを批判することに意識が向いてしまうようになるのだ。このような場合「バズ1」と「バズ2」の方法が大いに役に立つが、試す価値のあるものは他にもある。

■可能な限りアイデアを物理的に提示する

建築家ビャルケ・インゲルスの才能はまばゆいほどに輝いている。2016年には業界ウェブサイトのDezeenで、世界で2番目に優れた建築家だと評された(その年に亡くなった故ザハ・ハディッドが追悼の意味も込めて1位に選ばれていたが、実質的なトップがインゲルスであることは明らかだった)[5]。母国デンマークで想像力に富んだ低コストの住宅プロジェクトで注目を集めると、すぐに世界中で空想的な建築物のプロジェクトに関わるようになった。

最近では、マンハッタンのミッドタウンに建設された、ニューヨークの超高層ビルの垂直的なイメージを覆す、潰れたピラミッドのような形をした「VIA57」や、ニューヨークの公園「ハイライン」のアトラクションの隣に236戸のアパートメントを含む2つのねじれたタワーを配置する野心的なプロジェクト「XI」などの設計に携わった。

このロックスターのような若き建築家にとって、数十億ドル規模のプロジェクトに取り組む際のプレッシャーは想像を絶するほど大きいはずだ。**だが、インゲルスはその悪影響を避け、重大なプロジェクトにつきものの意見の相違が個人的な問題に変質しないようにするための効果的な方法を持っている。**

作品を発表したり、他人と議論したりするときには、必ずスケッチやモデルを提出するようにしているのだ。これは建築家なら誰でもしていることだと思うかもしれない。でも特徴的なのは、その理論的根拠だ。インゲルスは言う。「アイデアがモデルやスケッチ、図面、文章といった形で存在していれば、たくさんの人のオープンなコラボレーションを促し、かつ意見を個人的なレベルにしないための最善策になる。誰かが批判をしても、それはそのアイデアを思いついた人への批判ではない。形のあるものとしてテーブルの前にあるからこそ、アイデアそのものを批判できる[6]」

インゲルスは、建築家には設計アイデアを実現することの難しさという大きな壁があると言う。20件提案しても、19件は実現には至らない。入札プロセスで負けたり、クライアントが考えを変えたり、計画許可が下りなかったりするためだ。この成功率の低さを考えれば、過去と同じ失敗をしないように無難な案をつくりたくなってもおかしくはない。でもインゲルスは、チームに成功をもたらした高い創造性を保つには、斬新な発想を忘れるべきではないと考えている。そのためにも、率直な意見交換が重要だ。「建築家は、物理的なモノをつくるという仕事の性質に助けられていると思う。僕たちはモデルや写真を存分に使える。創造的な方法で多くの人から意見を取り入れるための最善策は、アイデアを可能な限り物理的に提示することだ。そうすれば、お互いの意見の違いではなく、アイデアそのものに意識を向けた議論ができる」

もちろん僕たちの仕事の対象は建築アイデアのように視覚化できるものばかりではない。それでも、フローチャートを手書きしたり、プロセスの大まかなスケッチを書いたりするだけでも大きな効果が見込める。個人的に意見を戦わせるのではなく、目の前のアイデアに集中しやすくなるからだ。心理的安全性を実現することの重要性を理解しているチームは少ない。インゲルスが用いている新しいアプローチが、あなたのチームにとっては効果的かもしれない。ぜひ試してみてほしい。

まとめ

- チームでの議論が、人ではなく問題を中心に行われるようにするための工夫をしてみよう。
- 人ではなく話の内容そのものに意識を向けさせるために、チーム内では積極的に図を用いてコミュニケーションすることを促そう。

バズ

5

「ハックウィーク」を導入しよう

■20パーセントルールの問題点

これまで見てきたように（161ページを参照）、仕事の満足度を高めるには「自律性」（自分の判断に基づき、コントロールしながら仕事を進めているという感覚）、「熟達」（仕事の技量が高まっているという感覚）、「目的」（なぜその仕事をしているのかについての理解）、そして「意見を述べられる環境」が重要だ。でも、そんなふうに働きたいとは思っていても、実際にはそうそううまくはいかないことが多い。「仕事とは、他の計画を立てるのに忙しいときに起こるもの」という言葉もあるくらいだ。だからこそ、日々の仕事の手をいったん休めることが、創造性を高めるための最善策になる。

グーグルが創業時からエンジニアに「勤務時間の70パーセントを本業に、20パーセントを〝今後のグーグルにとって最もためになると思うこと〟に、10パーセントを好きなことに使う」という、「70対20対10」のルールを定めたことはビジネスの世界の伝説になっている。グーグルの創業者たちはIPO時のレターに「これによってエンジニアは創造的で革新的になれる。我々の重要な進歩の多くはこのようにして起こった」と記し、この柔軟な取り組みの結果として、Gメールやグーグルマップなどが誕生したと述べている。[1]

これはとても素晴らしいことだ。でも1つだけ問題がある。それはこのルールが、実際にはその通りには実行されていなかったことだ。僕はグーグルで働いていた4年間、エンジニアたちに20パーセントや10パーセントの時間を使ってすべきことをしているかと尋ねたことが何度かあるが、その度に一笑にふされた。

「もちろん、20パーセントルールを実践しているさ。私たちはそれを〝土曜日〟と呼んでいるけどね」と、あるエンジニアは答えた。「グーグルの不都合な真実を教えてあげるわ。20パーセントの時間の正体は、120パーセントだということよ」とマリッサ・メイヤー（従業員番号が「20番」の創業期からの社員）は言った。[2] 僕は、たとえばもしグーグルで新入社員が20パーセントルールを守るために会議への参加を拒んだとしたら、おそらくみんなから眉をひそめられただろうと思っている。

20パーセントルールについては、グーグルの社外ではさんざん話題になっていた。でも、社内の人間は冷ややかだった。もちろん、土曜日に働くことがまったくの無意味だというわけではない。でも、創業間もないスタートアップにとっては通らなければならない道のりなのかもしれない。でも、それは企業が長期的な成功を収めるための良い方法ではない。

でも、だからといって産湯と一緒に赤ん坊を捨てるような考えを持つべきではない。20パーセントルールの問題は、そのコンセプトではなく、割合にある。作家のダニエル・ピンクは言う。「業務時間の2割というのは、さすがに多すぎる。でもそのパーセンテージを下げれば、この方法には検討する価値がある(3)」

■「アイデアのための時間」が生み出した世紀の大発見

ピンクは、2010年にグラフェンと呼ばれる物質を分離させたことでノーベル物理学賞を受賞したマンチェスター大学のアンドレ・ガイムとコンスタンチン・ノボセロフの話を例にとった。ほぼ透明で、肉眼で見えないほど薄く、電気も通すグラフェンは、人類がこれまでに発見した中で最も強力な物質だと呼べるほど驚異的な可能性を秘めている。将来的には、海水から塩をろ過したり、既存のものより5倍も速く充電できる電池をつくったり、ターゲットを絞ったドラッグデリバリーシステムを容易にしたりするなど、多様な分野での応用が期待されている。ガイム（後にナイトの称号を与えられた）とノボセロフは、どのようにしてこの不思議な物質の製造方法を発見したのか？　それは自由な発想でアイデアを出しあうための時間を意図的につくったことがきっかけだった。

2人は、日常的な業務（論文を書く、研究費の補助金を得るための条件を満たす、授業をする）が多すぎて、仕事から喜びが奪われているのではないかと考えた。そこで非公式の「金曜夜の実験」セッションを開始した。毎週金曜日、2、3時間のみ、思いつくままにアイデアを交換する時間を設けたのだ。唯一の（非公式の）ルールは、すでに研究資金を得ている、あるいは論文を執筆しようとしているテーマのことは対象外にするというもの。

ある金曜日の夜、2人は遊ぶようにして、粘着テープをカーボングラファイトのブロックに何度も貼りつけていた。その度に、グラファイトの薄片がいくつか剝がれているのに気づいた。しばらくすると、この薄片は原子数個分の厚さの固体の帯になった。これがグラフェンだった。[4]　2人はすぐに、この発見にほとんど無限の応用の可能性があることに気づいた。

ピンクが指摘しているように、2人が大発見をしたのは膨大な時間を費やしたからではない。映画を1本観る程度の時間を週に一度つくっただけだ。もちろん、週に1、2時間、裏庭の小屋に引きこもってアイデアを出しあえば誰もがノーベル賞を受賞できるようになるわけではない。

それでも、わずかであっても熟考し、意見を交換し、実験する時間を確保することで、驚くほど多くのものが得られるようになる。このような活動に週の労働時間の1割から2割もの時間を割くことは現代の多忙な職場では現実的な選択肢ではない。でも数時間を投じるだけで、大きな違いを生み出せるようになる。

■ツイッターは「ハックウィーク」から生まれた

そこで注目すべきなのが、「ハックウィーク」だ。これはチーム全体で集中的に何かについて考える期間を設けることだ。同じような取り組みをしている企業は少なくないが、ツイッターでのハックウィークの実例を紹介する価値はあると思う。「ツイッターはハックウィークから生まれた」とツイッターの創業者ビズ・ストーンは言う[5]。「これは我々の文化やDNAの一部なんだ。だから毎年行うことがとても重要だ」。たしかに、それは事実だと言っても過言ではない。

2003年、エヴァン・ウィリアムズは自ら立ち上げたBloggerをグーグルに売却した。Bloggerのメンバーだったビズ・ストーンはエヴァンと共にOdeoという新しいスタートアップを立ち上げ、ジャック・ドーシーも加わった。Odeoは、iPodの登場によって、ポッドキャスティングのプラットフォームを開発する機会が到来したと見込んだ。ブログという文字情報に対するプラットフォームだったBloggerと同じようなことを、音声データに対して行おうとしたのだ。

着々と準備を進めていたが、ある朝、アップルがiTunesにポッドキャストフィードを組み込む計画を発表したことで、Odeoの存在理由は一瞬にして消えてしまった。創業者もスタッフもみな意気消沈した。CEOのエヴァンは敗北を認めず、最小限のメンバーで会社を続けると発表した。ビズは回想する。「エヴァンは主に会社の士気を高めるという理由で、ハッカソンを行うことを提案した。2人1組になり、2週間、なんでも好きなものをつくって良いことにした」。何の制限もなかった。

ビズと開発者のジャック・ドーシーは、「シンプルでエレガントな何か」の開発に取り組んだ。2人がAOLのインスタントメッセンジャーのステータスバーの機能は素晴らしいという話をしていたとき、そのアイデアは浮かんだ。大勢の人に自分の近況を知らせることのできるテキストベースのサービスをつくったらどうだろう?[6] その後、しばしの試行錯誤を経てツイッターが生まれた。ツイッターがハックウィークのアイデアをとても気に入っているのも当然だと言える。

ビズによると、今日のハックウィークは基本的な原則に基づいている。まず、発想がランダムになりすぎるのを避けるために、毎週テーマが決められている。僕が入社してからのものだと、非営利団体（チャリティー）、場所、会話、ニュース、スポーツ、機能の不具合の修正、などに特化したハックウィークがあった。テーマが発表されると、それぞれが必要な能力を持った人たちを集めて自然発生的にチームをつくっていく。「みんな〝このハックに取り組もうとしているんだ。だからiOS開発者とバックエンドエンジニアが必要だ〟といった感じでメンバーを集めていく」とビズは言う。「自分でチームをつくらない場合は、誰かのチームに参加することもできる。会社内では他にも素晴らしいプロジェクトがたくさん進行しているが、その週はみんなそれぞれハックに取り組む」

エンジニアもデザイナーも営業担当者も、みんな想像力を働かせる。それまで考えもしなかったアイデアが、ハックウィークをきっかけにして現実になるかもしれない。「僕は2002年以来考え続けているハックのアイデアがある」とビズは言う。「そして、それをどうツイッターに組み込むべきかがようやくわかった。その機能だけではトラクションは得られないし、スタンドアロンアプリとしても機能しない。でも、何億もの人々が毎日使うものに組み込まれるとしたらどうなるか。いまそのことをみんなで議論している」

ツイッターは年に二度ハックウィークを実施している。通常は新年の直後（年末年始のお休みモードからなかなか抜けきれずにみんなが苦しんでいる週だ）と、スタッフが夏休みに入る前の週だ。ハックウィークの進行中は、定期的なグループ会議も、1対1のミーティングもすべてキャンセルされる。金曜日には、みんなが集まり、その1週間にメンバーが思いついた大胆で独創的なアイデアが賑やかなお祭り騒ぎのような雰囲気の中で発表される。

ツイッターでは、常に緊急のプロジェクトが進行しているので、ハックウィークをキャンセルしたくなることもある（実際、数年前に一度そうなった）。しかし、昼休みを飛ばせば生産性が上がると思い込むことが間違いなのと同じく（「リチャージ8」を参照）、ハックウィークをなくせば目前の仕事が捗ると考えることも、長い目で見れば効率的ではない。視点をずらしたり、取り組むべき問題を切り替えたり、リラックスして自由な思索に耽ったりすることで、アイデアを思いつきやすくなるし、その後で日々の仕事を新たな気持ちで再開できるようにもなる。

ハックウィークの効果は気分転換になったり発想力が高まったりするだけではない。ルーティンから離れることで、斬新なアイデアは生まれやすくなり、それまで陥っていた思考のパターンからも抜け出しやすくなる。だが何より、金曜日の夜の実験が示しているように、それは何かを集中して創造する時間にもなる。

ツイッターでもハックウィークの直接的な成果として、ツイッターモーメント、スレッド機能、フォローすべきアカウントの提案の改善、悪用へのスマートな対処方法、ツイートアーカイブのダウンロード機能など、ユーザーからもはっきりとわかる変更が何十も行われた。また外部の人は気づかないような微調整も多数実施されている。アプリのユーザーインターフェースの微調整、表計算シートの売上報告書の改善、エクセルの新しいマクロの開発などだ。

ピンクが言うように、イノベーションが起こりやすくするには、そのための時間を確保することが大切だ。毎日10パーセントから20パーセントというのは現実的ではないが、たとえ半年に1週間（週2時間に相当）や、1日か2日であっても、目覚ましい効果が望めるのだ。

まとめ

- ハックウィークやハックデーを実施しよう（たとえば2ケ月に1回程度）。どのような形にできるかをよく考え、計画を立てよう。
- 現実的な目標を立てよう。新しくiPhoneのような製品をつくることを期待すべきではない。日常的な仕事に新鮮な気持ちで取り組めるように、ハックウィークでは視点を変えることを意識しよう。
- ハックウィークやハックデーの振り返りをしよう。改善点を探して次回に活かそう。
- 次回のハックウィークを計画しよう。

バズ
6
会議での携帯電話を禁止しよう

■ウーバーは信頼を取り戻せるか？

スーザン・ファウラーは、わずか1年余りの間に、エンジニアとして世界で最もホットなスタートアップに入社するという高揚した気分と、幻滅してその会社を辞めるという打ちひしがれた気分を味わった。彼女は２０１７年２月のブログ記事で、ウーバーで働き始めた直後に問題が始まったことを告発している。２週間の研修の後、自らの専門分野を活かせるチームに配属された。しかしそこではすぐに、上司からセクハラをされるようになった。彼は社内のインスタントメッセージを使って、自分はいま恋人がおらず、「セックスする相手を探している」

と伝えてきた[1]。
　これだけでも十分だった。だが、状況はさらに悪化した。上司から見え透いた態度で関係を迫られたと人事部に報告したところ、「この上司は素晴らしい実績があり、このような報告を受けるのはこれが初めてだ」という答えが返ってきた。さらにファウラーは人事部から、自分の専門分野にはあわないチームに移るか、チームに留まるかの選択を迫られた。ただしチームに残った場合は、「その上司から業績評価で低い評価を与えられるだろう」と仄めかされた[2]。最悪だった。職業人として考えれば、チームを移るのは良い選択ではない。だがチームに残ってもあの嫌な上司の下で、低い評価をされるのがわかっていながら働かなければならない。ファウラーは悩み抜いた末、チームに残るほうがまだマシだと判断した。

　昼食時の同僚との会話で、この上司がセクハラをしたのは初めてではないことを知るまでにはそれほど長い時間はかからなかった。その直後、不適切な行動をとって人事部に報告されたが、「初犯」扱いされておとがめを受けなかった別の管理職もいるという話を聞いた。ファウラー自身、1年を通じて小さな嫌がらせを何度も受け続けた。人事部に報告したら解雇すると脅す管理職もいた。次第に、会社全体に巣くう問題が見えてくるようになった。「管理職の間に、『ゲーム・オブ・スローンズ』みたいな政治的な駆け引きがあることに気づいたの。どのマネージャーも同僚を蹴落とそうとしていて、自分がのし上がるために直属の上司の足を引っ張ろうとしていた。ある会議の席では、幹部の1人が他の経営陣のご機嫌を取るために別の幹部にビジネス上の重要な情報を提供しなかったと私たちのチームに自慢気に話していた」

2016年末、我慢の限界に達してウーバーを辞め、別の仕事を見つけたファウラーは、プライベートな時間を使って、ウーバーでの体験をブログ用の記事にまとめ始めた。気持ちを整理するためでもあり、自分の意見が何らかの反応を引き起こすかもしれないというわずかな期待もあった（結局のところ、彼女は一介（いっかい）のジュニアエンジニアにすぎなかった）。だが、2017年2月19日にファウラーがこの記事を公開すると、とてつもない大反響が起こった。4ケ月後、ウーバーのCEOは辞任した。ファウラーのブログが引き起こした嵐によるところが大きい。ファウラーはタイム誌が選出する2017年の「パーソン・オブ・ザ・イヤー」に選ばれ（この年に活発になった#MeToo運動の一環として評価された）、フィナンシャル・タイムズ紙からも同等の名誉を手にした。

一方、ウーバーの苦境は続いた。辞任前、CEOのトラビス・カラニックはドライバーを軽蔑している様子をカメラに撮影された。ウーバーの社員はビヨンセのような有名人が車に乗ったときにそれを覗き見ることができる「ゴッドモード」を密かに開発していたことを暴露された[3]。ファウラーも、彼女の信用を貶める情報を探す目的で誰かが私立探偵を雇い、友人や家族に接触させたと報告している。

この混乱した状況下で、ハーバード・ビジネス・スクールのフランシス・フライ教授がウーバーの企業文化を再建するために経営幹部として招かれた。改善すべき点は山ほどあったが、フライの第一の優先事項は、社内の経営陣と社員、そして社外の顧客との間の信頼関係を取り戻すことだった。

■会議でデバイスの使用を制限する

アメリカ建国の父ベンジャミン・フランクリンは、「良い評判を築くには多くの善行が必要だが、それはたった1つ悪い評判が立てば失われてしまう」と言った。評判を再び築くのも、同じくらい難しいことだった。フライは、そのためには、「誠実さ」、「論理的な厳密さ」、「共感」という3つの要素が必要だと言う。「相手が誠実で、論理的に筋が通っていて、共感してくれると感じたときに、私たちはその人を信頼しようとする」④

納得できる主張だ。だが、具体的にはどうすればいいのか？　フライは意外にも、まず会議中に携帯電話やノートパソコンの使用を禁止することから始めた。会議中にメールをすることの悪影響については、すでに述べた通りだ（「リチャージ10」、「シンクロナイズ3」を参照）。

これは他人にとって極めて目障りな行為だ。最近行われた実験では、被験者に①携帯電話を目の前に置く、②バッグに入れたままにする、③別の部屋に置き残す、という3つの条件でテストを行わせたところ、③のグループが際立って良い結果を出した。実験を率いた研究者はこう説明している。「スマートフォンを意識していなくても、何かについて考えないようにしようとすることだけで、限られた認知リソースの一部が浪費されてしまう。言わば頭脳流出だ[5]」

もちろん、これは携帯電話を使うつもりがない状況での話だ。「限られた認知リソース」の浪費は、会議中に電子機器の画面と人の話に交互に意識を向けるとき、当然ながらより顕著になる（ちなみに他の研究によれば、会議や講義で手書きメモを取るのはノートパソコンを使うよりも効果的だ。手書きのメモは省略がしやすいためその分、同時に思考がしやすいが、キーボードで入力するときはより書き起こしに近いメモになり自分の頭で考える余裕がなくなってしまうためだ[6]）。

ウーバーでの変革に取り組んだフライにとって、気が散ることで生じる悪影響以外にも、このデバイスの使用を制限するための説得力のある、直接的な理由があった。ウーバーがさまざまな問題を抱えていた頃、会議中に他人についての批判的なメッセージを送りあうケースがよく見られた。このようにメールやメッセンジャーで同僚を中傷する行為は、当時の社内では当たり前のように行われていた。

フライはだからこそ会議でデバイスの使用を禁じ、社員の人間的なつながりを取り戻したかった。自由で率直な意見交換ができるようになることが、共感と信頼をゆっくりと回復させるための基盤だと考えたからだ。「何か1つだけ手を打つとしたら、それは携帯電話を使わないようにすることよ。人類史上、これほど人間の集中力を奪うものはなかった。携帯電話を使いながら、相手との共感や信頼をつくり出すことはとても難しい」[7]。他人を非難するための道具に用いられるだけでなく、ただ会議室で携帯電話を使う人がいるだけで、社員のつながりの質は低下していた。

このアドバイスは、日常的にオフィスを離れて仕事をすることが多い人にとってはあまり役に立たないと思うかもしれない。こうした人たちにとって、携帯電話はコミュニケーションのための大切な手段だ。それでも、リモートワークを日常的に使っている組織は、こうした働き方に独自の問題があることにも注目すべきだ。

2017年の国連の報告書によれば、仕事でストレスを感じていると答えた人の割合はオフィスワーカーの場合は25パーセントだったが、リモートワーカーでは41パーセントとさらに高かった[8]。毎日会社で朝9時から夕方5時まで働いている人は、リモートワーカーは静かで穏やかな、深く集中したディープワークのしやすい環境で働いているという思い違いをしているかもしれない。しかし実際には、リモートワーカーは孤立し、孤独を感じていることが多いという事実が明らかになっている。また、ハーバード・ビジネス・レビュー誌に掲載されたビジネス作家のデヴィッド・マックスフィールドとジョゼフ・グラニーの研究によれば、リモートワーカーは同僚に自分の悪口を言われているのではないかと心配する傾向があるという[9]。

■ちょっとしたコミュニケーションの重要性

対面でコミュニケーションをするときは、デバイスをどこかに仕舞っておくべきだ。リモートでコミュニケーションをとるときも、人間的につながれる方法を探さなければならない。長々と続く電話会議や、テレビ会議で誰かにロボットのようにパワーポイントのスライドを読み上げられると、どんなに意志の強い人でも気が遠くなる。長期間離れて暮らすカップルにとって、電話などで近況報告や雑談をする短い時間を日常的に設けることが関係を長続きさせるのに効果的だ（167ページを参照）。同じことは、リモートで働く社員同士の関係にも当てはまる。人間味のある形でシンクロナイズを実現させることが、職場にとっては非常に重要なのだ。

僕は、信頼のあるつながりを求めるべきだというフライの主張には説得力を感じるし、それはリモートワーカーにとっても大きな意味があると思う。**マックスフィールドとグラニーは、リモートワーカーはオフィスワーカーに比べて「職場の人間関係には駆け引きが強く存在し、関わるのが難しいと感じている」と主張している**。このことは、職場で真のシンクロナイゼーションを実現しようとするのなら、携帯電話を触らずに相手に向きあってコミュニケーションをとることがいかに重要であるかを、極端な形で示していると言えるかもしれない。

ヒューマナイズのＣＥＯ、ベン・ウェイバーから、出張先でも直属の部下に必ず5分ほど電話をしているという話を聞いたことがある。僕のツイッターでの元上司、アダム・ベインも同じで、８０００マイル離れたところにいても、その日の職場の様子を知るために電話をかけてきた。ごく短い時間、簡単な会話をするだけで、人とのつながりをこれほど強く感じられるのは驚きだ。

携帯電話を見てしまうのは、会議がどうしようもなく退屈だからという理由も大きい。会議をもっとうまく運営する方法（「シンクロナイズ３」を参照）を見つけない限り、携帯電話の使用禁止というルールに反発する人もいるだろう。それでも、大切な心理的安全性を実現するためには、人間らしいつながりが不可欠だ。対面の会議であれ、電話でのフレンドリーな会話であれ、人間的な温かいコミュニケーションこそが、職場でバズを実現するためには欠かせないことを忘れないようにしよう。

まとめ

- 会議を、人間的な対面のコミュニケーションにしよう。
- 携帯電話の使用など、他の参加者の邪魔をする行為は控えよう。集中力が妨げられ、チーム内の信頼を低下させる。

・リモートワーカーとうまくコミュニケーションをとる方法を探そう。誰にとっても、信頼感や所属意識をつくり出すには、人間らしいシンクロナイゼーションが必要だ。距離的に離れているならなおさらだ。

バズ 7

多様性を尊重しよう

■自分のチームに「異なる視点」を取り入れろ

アメリカの大学の男子寮には、酒ばかり飲んでいる、いつも仲間内でつるんでいる、女性に対するハラスメントまがいの行為が多い、といった悪い評判が多い。それが現実なのかどうかは別として、男子寮で暮らす学生たちに部族的と呼べるほどの強い集団アイデンティティと所属意識があるのは間違いない。メンバーとして認められるには、グループの価値観にあった人間でなければならない。新入りは、そのことを自ら証明する必要がある。結果的に、集団内のカルチャーはとても均質的なものになる。類は友を呼ぶ、というわけだ。

いったん馴染んでしまえば、そこでの生活は快適だ。自分と価値観が似ていて、波長のあう人間と一緒にいるのは簡単だ。しかし、多様性を欠くことにはデメリットもあるのではないだろうか？　このことを実験で確かめようとした研究者たちがいる。実験では、被験者の学生たちに殺人ミステリーを解かせた。まずそれぞれの学生は、20分間、1人で犯人探しの手がかりとなる殺人事件の資料を読む。その後、同じ学生寮の2人と20分間、犯人が誰かについて議論をする。開始から5分後、片方のグループには同じ学生寮から別のメンバーが1人議論に参加する。もう1つのグループには面識のない学生が1人議論に参加する。

結果は明白だった。同じ学生寮の学生だけで構成されたグループのほうが、部外者が入ったグループよりもはるかに犯人当ての議論を楽しみ、自分たちが導いた結論について自信を持ち、満足していた。だが実際には、正解率は部外者のいたグループで60パーセントだったのに対し、同じ学生寮の学生だけで構成されたグループは29パーセントと、約半分でしかなかった。[1]

これはグループの多様性についての問題を示している。多様なメンバーで構成されたグループにいることは、常に楽だとは限らない。そのグループが「基準」だと見なすものに忠実なメンバーでグループを構成するのは、自然なことなのではないかとも思える。しかし、この発想は危険だ。**異なる視点を取り入れることは、とても重要だ。そうしなければ、グループは「長いものには巻かれろ」式の怠惰な集団思考に陥りやすくなってしまう。**

心理学者のサム・サマーズは、人種の多様性が陪審員の審議に与える影響を調べた。実験では、被験者約200人を6人1組に分け、陪審員になったつもりで擬似的な審議を行わせた。グループは、全員白人で構成するパターンと、白人4人と黒人2人で構成するパターンの2種類があった。

全被験者は、性的暴行で起訴された黒人を被告人とする裁判の動画を見せられた。多様性のあるグループの被験者は、他の陪審員との審議を始める前の時点で、被告は有罪だと考える率が白人のみのグループより10パーセント低かった[2]。サマーズは、多様性のあるグループは、陪審員に黒人がいることで人種差別により敏感になったと考察している。興味深いのは、多様性のあるグループは議論が徹底していたことだ。白人のみのグループよりも平均で11分間長く審議し、証拠に関する考察でも間違いが少なかった。

■多様性のある企業には優秀な社員が多い

当然ながら、多様性には異なる視点を得ること以上の価値がある。社会的背景やジェンダー、性的指向、政治的思想、民族性など、その形もさまざまだ。しかし、「何が最良の成果をもたらすのか」という狭義の現実的なビジネスの観点からは、「多様な背景のある従業員がいる企業は、一般的に良い結果を生み出しやすい」という事実には注目すべきだろう。コンサルティング会社のマッキンゼーが2015年に実施した厳密な調査は、人種や性別の多様性が上位25パーセントに入る企業と、その分野で収益率が平均以上の企業との間には相関関係があることを明らかにした。

特に印象的だったのは、人種や民族の多様性が上位25パーセントの企業（平均より35パーセント高い収益率）と、ジェンダーの多様性が上位25パーセントの企業（平均より15パーセント高い収益率）だった。[3] もちろん、ここでの相関関係は因果関係と同じものではない。**つまり、多様性が最良の結果を生み出しているというよりも、多様性のある企業に優秀な社員が多いということを示している。**それでも、「異なる視点を組みあわせることが良い判断につながる」という、世間でよく耳にする表現は、やはり正しいものだと言えそうだ。

異なる背景や考えを持つ人たちの間でバランスをとることは難しい。人間には部族的な傾向がある。国外で暮らす人たちが集団を形成していることを見てもそのことはよくわかる。新しい経験を求めて生まれ育った国を離れたかもしれない人たちも、異国の地では同郷の人たちと寄り集まるようになることが多い。似た価値観を持つ人たちと一緒にいるのは快適だ。共通の話題も多いし、考え方やユーモアのセンスも似ている。相手にあわせるために努力する必要もない。

もちろん、これは新しいことではない。そして、自分とは違うタイプの人とつきあうことで得られるメリットを受け入れるのも、新しいことではない。哲学者のジョン・スチュアート・

ミルは1848年にすでにこう言っている。「自分とは似ていない人々とつきあい、慣れ親しんだものとは違う考えや行動様式に触れることの価値は、これ以上ないほど大きい。特に現代においては、このようなコミュニケーションは進歩のための主要な源になる[4]」

まとめ

- グループシンク（集団浅慮）に陥らないように、似たもの同士という基準でチームメンバーを選ばないようにしよう。
- 一流の企業は、バックグラウンドの異なる社員をできるだけ多く採用しようとする。世界は多様性に満ちている。企業もそうあるべきだ。

バズ

8

プレゼンテーションを「黙読」に変えよう

■ジェフ・ベゾス流「プレゼン上手」に騙されない方法

「我々は、2枚のピザでお腹がいっぱいになるくらいの人数でチームをつくることにしている。これを、〝ピザ2枚ルール〟と呼んでいる」とアマゾンの創業者ジェフ・ベゾスは言う。

僕は、このベゾスの言葉に耳を傾ける人がいるのが不思議だ。ベゾスはピザ2枚でもっと大勢の人の空腹感を満たせると思っているつもりなのかもしれないが、僕からすればピザを2枚食べる人間の数は2人だ。ご存じの通り、効果的なチームの人数は8人から9人までだと言われている（「バズ3」を参照）。つまりベゾスは、「ピザ8枚ルール」と呼ぶべきだった。ピザ2

枚で足りるわけがない。

冗談はさておき、ベゾスが主張していることで注目に値すべきだと思われることは他にもある。アマゾンの会議は、参加者が資料を黙々と読むことから始まる。議論をするのはその後だ。「アマゾンではパワーポイントを使ったプレゼンテーションはしません」とベゾスは株主に向けた手紙で宣言している。[1]「その代わりに、6ページの文書を使います。この文書は、箇条書きだけで構成されたプレゼン資料とは違い、文や動詞、名詞がある文章で構成されています」。ベゾスによると、この文書の作成には数日から数週間かかる。「1日や2日では作成できない[2]」とベゾスは言う。また、この資料が会議の前に配布されることもない。もしそうすれば、参加者はざっと流し読みをするだけで、会議ではちゃんと読んだというふりをする（あるいは、読んでいないことがバレるのが恥ずかしくて、発言しなくなる）だろうからだ。「会議はこの文書を黙って読むところから始まる。自習室みたいな雰囲気の中で、全員がテーブルを囲み、静かに文書に目を通す。通常は30分くらいだが、それ以上のときも以下のときもある。その後、議論を始める」

ある意味、これは恐ろしいことだ。突然、学校時代に戻り、試験会場で隣にいる成績優秀な子どもがすべてを読み終え、手を挙げて次の資料を要求しているのに、自分はまだ最初のページを読んでいるといった感覚に陥るかもしれない。とはいえ、恥ずかしいという理由だけでこのアイデアを却下するのはもったいない。この黙読のアプローチにはさまざまなメリットがあることがわかっているからだ。

会議での大々的なプレゼンテーションには、虚勢を張る、大声で話す、大げさに振る舞う、太字の文字をやたらと使う、といった特徴がある。アジェンダに従って行う会議も、得てして最もそのテーマについてよく知っている人ではなく、最も自信を持って話す人にとって有利に働くものだ。これに対し、文章ベースのドキュメントはただ事実を記載したものにすぎないかもしれないが、じっくりと読むことで、その後の活発な議論につながる。アマゾンの目覚ましい業績を見れば、過去15年間に下されてきた賢明な経営判断の多くが、このようなアプローチに象徴され、促進されてきた思慮深い文化の影響を受けてきたであろうことは想像に難くない。

■女性が多数派だと「民主的な話しあい」になりやすい

数年前、カーネギーメロン大学、ＭＩＴ、ユニオンカレッジのチームが、会議の参加者には測定可能な「集団的知性」があるかどうかについての検証を試みた[3]。約７００人を小グループに分け、思考のさまざまな側面を測定するための課題を与えた。創造的な思考が問われるものや（あるアイテムのさまざまな使用方法を提案する）、論理的なもの（一定の距離しか車で移動できないという条件で買い物の計画を立てる）、交渉もあった。

その結果、重要な発見が2つあった。1つは、成績が良かったグループにはすべての課題で良い成績を上げる傾向があり、成績が悪かったグループにはすべての課題で成績が悪い傾向があったこと。もう1つは、個人の知性がグループのパフォーマンスには直接的な影響を与えなかったことだ。際立って頭の良い人がメンバーに含まれていても、それだけではグループ全体の成功は保証されなかった。

重要だったのは、メンバー同士のコミュニケーションの方法だった。失敗したグループは、1人か2人のメンバーが主導権を握っていたが、成功したグループは民主的で、全員が同程度に意見を述べていた。研究者は「発言の順番が平等な方法で決められていた」と観察している。研究を率いたアニタ・ウィリアムズ・ウーリーは「全員が話す機会を得ていたグループの成績は良かったが、1人または限られた数のメンバーのみが発言しているグループでは集団的知性が発揮されていなかった。平等に発言するグループには高い集団的知性が見られた。全員が発言することで多角的な意見が得られ、それに基づいて全員で考察をするからだ」

成功したグループは「社会的感受性」が高かった。すなわち、メンバーがお互いの非言語的な反応をうまく読み、相手の考えを察知し、それにあわせて行動していた。自信満々のメンバーが他人を威圧するような発言をしたり、萎縮したメンバーが発言を控えることで良いアイデ

まなざしで相手の感情を読み取るテスト

動揺　安心

幸福　集中

ロマンチック　怒り

楽しい　忍耐

アが失われたりするリスクはなかった。

個人の「社会的感受性」を実験で評価する方法には、自閉症をスクリーニングするために開発されたテストを用いる場合があった。自閉症の人は、他人の表情から感情を読み取るのが難しいことが多い。そこで臨床心理学者のサイモン・バロン＝コーエンは、まなざしで相手の感情を読み取るテスト（Reading the Mind in the Eyes）を考案した。これは１９９０年代の雑誌に使われていた人物の目元の写真を数十枚見せ、各被験者にその人物の感情の状態を評価するよう求めるというものだ。インターネットでも試すことができるが、以下にいくつか例を挙げておく。このテストでは、提示された４つの言葉の中から、写真の人物の感情を最もよく表すと思われるものを選択する[4]（正解は原注を参照）。

ウーリーらの実験によると、被験者が各画像に示された感情を直感的に理解する能力は、集団的知性に貢献する能力と強い相関があることがわかった。これは「認知心理学の長年の考察によって明らかになった、他者の視線を解釈し、相手の反応を予測し、微妙な手がかりに基づいて他者の考えや感情を察知する、一般的な能力」だとウーリーは言う(5)。

この直感的な能力は男性よりも女性のほうが優れていることにも注目すべきだ。集団的知性のテストでは、成績がトップクラスのグループには必ずといっていいほど多くの女性が含まれている。女性が半分以上を占めるグループでは際立ってスコアが高くなる。逆に女性が少数派のときは、男性によって議論から締め出される傾向があった。「女性は多数派のとき、ほぼ全員が議論に参加するようになる」とウーリーは言う。「そのとき男性は少数派だが、それでも議論に参加する傾向がある。つまりジェンダー構成が多様で、かつ女性のほうがわずかに人数が多いグループでは、参加レベルが最も高くなる傾向がある」

■「社会的感受性」が引き起こすバズの感覚

興味深いのは、この共感的なスキルは、対面の場合だけでなくオンラインでも有効だったことだ。ウーリーは言う。「オンラインでもオフラインでも、他より良い成績をあげるグループはあった。成績の良いグループにとって最も重要な要素も同じだった。つまり、コミュニケーションが活発で、平等に発言し、相手の感情を読む能力があることだ」[6]。普段の社内を見渡しても、他よりも活発な議論をしているチームはいないだろうか。いろんなアイデアが次々に浮かび、お互いに信頼して安心感があるので相手の言葉を遮って意見を口にすることもしばしばある。

ウーリーは、このようなグループは、創造的な貢献が「爆発した」状態にあると言う。全員が議論に貢献でき、自分の貢献が歓迎されることも知っている。みなポジティブ感情の状態にあり、心理的安全性を味わっている。そこには、紛れもないバズの感覚がある。

ベゾスが導入している会議前の黙読についてはどうだろうか？　パワーポイントのプレゼンテーションやアジェンダ中心の会議を止め、熟考する時間を設けることで、会議は平等な議論の場になりやすい。それはウーリーらが発見した集団的知性の強力な推進力である、平等な発言を促すものだ。良い会議とは全員が参加する会議であり、全員が準備をして自信を持って議論に貢献できるようなものにすべきだ。もし、この理想的な条件を満たしていながら、まだ貢献していないように見える参加者がいるのなら、その人はその会議に出席すべきではないのかもしれない。

会議で良い意思決定と問題解決をするためには、活発な議論が欠かせない。それを達成できないのなら、その会議は開催する価値がないのだ。

まとめ

- 冒頭で資料を黙読する形式の会議を試してみよう。慣れるまでに時間がかかるものなので、効果を実感できるようになるまで、しばらく続けてみることを前提にすること。
- 声の大きな1人が主導権を握り続けるような形の会議はやめよう。

バズ 9

プロジェクトの「事前分析」を実施しよう

■チェックリストの効果

1935年10月30日、ボーイング社は米軍のエリートたちに、「フライング・フォートレス」(空飛ぶ要塞)の異名を与えられたB-17を誇らしげに披露した。以前の爆撃機の2倍の距離を飛べ、陸軍から要求された5倍の量の爆弾を運べる、驚異的な進歩を遂げた航空機だった。[1] 入念な計画を経て実現したこのお披露目の日、輝く新しい機体は滑走路を走行して離陸したが数秒で失速し、そのまま空中に舞い上がると、飛行場内に落下して炎上した。機長と同乗者1名が負傷し、死亡。副操縦士と他の乗組員2人は、燃え上がる機内から引きずり出されなければならなかったが、幸運にも一命を取り留めた。

その後の調査で、飛行機は正常に作動していたことがわかった。墜落の原因は人為的ミスによるもので、ガストロックを外すのを忘れていたパイロットのピーター・ヒルに責任があるとされた。しかしこのミスは、この航空機の設計の複雑さに起因していた。人間の記憶力の限界を考慮すれば、B－17の操縦は複雑すぎたのだ。(2) だが開発は継続され、B－17は2年後に就航した。第2次世界大戦ではその価値を証明し、累計200万マイル以上を飛行したと見なされている。

B－17が悲劇を繰り返さないことのカギになったのは、至極単純なイノベーションだった。それは、乗組員が出発の準備をする際に確認すべき作業の一覧表を作成することだった。もちろん、最近ではこうしたチェックリストはさまざまな現場で使われている。米軍の戦闘機パイロットも皆、太もものポケットにチェックリストを入れている。「キャビンクルー、ドアーズ・トゥ・マニュアル、クロスチェック」という飛行機の機内で耳にする確認の決まり文句に馴染みのある人も多いだろう。

実際、ある程度の複雑な操作や手順が求められる場面でチェックリストが使われていないケースはめったにない。それもそのはずだ。人間の脳が一度に扱える情報の量には限界がある。そんなときに箇条書きの簡単なリストを参照できることのメリットは計り知れない。毎回記憶を頼りにして頭の中にある雑然とした情報を辿りながら行っていたことも、シンプルなリストに従って行動するだけですむようになる。

チェックリストには他にもメリットがある。タスクが単純なリストにまとめられていると、人間のエゴが入り込む余地が減る。すべき仕事は明確なので、誰が何をするのか、どの順番で行うのかを巡って口論する必要もない。また、航空や医療などの分野では、チェックリストの使用によってミスや作業漏れが減るだけでなく、それらが見つかった場合でも責任の所在を明確にしやすい。作業者は不要な評価の目を向けられずにすむと感じ、管理者との間の溝も狭まるため、チームが機能不全に陥る大きな原因を減らすことができる。


チェックリストはあらゆる状況に使えるわけではない。だが、チェックボックス式のリストが使いにくい状況でも、同程度の効率性と心理的安全性をもたらすシンプルなツールがある。それは「死亡前死因分析」（プリモーテム）と呼ばれる事前分析の方法だ。僕たちはドラマや映画でどんなふうに検死が行われるかはよく知っている。どす黒い顔をした死体が湖から引き上げられる。耳たぶには連続犯による「耳たぶ殺人」が再び起きたことを示す痕跡が残っている。ヒーローは死体安置所に行き、死体が奇妙なスライド式の引き出しの中に入れられるのを見る。死体安置所には棘のある皮肉を口にする不気味な係員がいる。

ビジネスの現場での検死に相当する事後分析（ポストモーテム）も、これと同じくらい楽しくない。そして、何が起き、何が間違っていたのかを明らかにしようとする点も同じだ（とはいえ、半年後に行われるビジネスの世界での事後分析は、いまだから言えるという結果論ばかりになりがちだ)。

■「好奇心」を重視する職場はとても少ない

ビジネスの世界では、事前分析はもっと建設的だ。それは、もうどうすることもできない過去の失敗した出来事についてあれこれと議論するのではなく、これから何が起こるかを予測し、計画を立てることだからだ。たとえばチームのメンバーは、翌年のプロジェクトで失敗する可能性のある事柄とその理由を書き出すことが求められる。水晶玉を覗き込むように、不安に感じていることを率直に話すことができる。そのことで非難されたり否定的だと思われたりすることを心配することなく、未来にいる自分をイメージして、そこで想定される困難や課題を明らかにしていく。一見すると単純だが、この事前分析はとても強力なツールであることがわかっている。

ウォートン・スクールのデボラ・ミッチェルらの調査によれば、「この計画でどのような問題が想定されるか？」と尋ねただけで、結果の予測が30パーセント向上した。あるフォーチュン500社に含まれる企業の人物は、同社のＣＥＯが引退すれば数十億ドル規模のサステナビリティ・プロジェクトが失敗するという予測を当てた。政府機関が方針を変更すれば、新しいベンチャービジネスが悪影響を受ける可能性があることに気づいた[3]。

事前分析の成功のカギを握るのは好奇心だ。残念ながら、これは必需品でありながら、現代の職場では不足している。ハーバード・ビジネス・スクールのフランチェスカ・ジーノがさまざまな分野の従業員を対象に行った調査によれば、70パーセントの従業員が職場で質問をすることに壁を感じている。ジーノはその理由の一部は、効率性を重視する企業側が、社員が自分の興味の対象を追求できるようになれば社内の規律が崩れてしまうと恐れているからだと考察している[4]。それでもジーノは、好奇心はとても重要だと主張している。好奇心が活発になれば、確証バイアス（間違っていることを示す証拠ではなく、自分の考えを裏づける情報を探すこと）に陥る可能性が低くなる。

フランスの経営大学院ＩＮＳＥＡＤのスペンサー・ハリソンらは、離職率の高いコールセンターの新入社員を対象にした研究で、好奇心が社員にもたらすメリットを明らかにした。好奇心の強い従業員は勤務を始めると、同僚から有益な情報を引き出し、顧客の問題に対処する能力が目に見えて向上していた[5]。ジーノが調査した３０００人のうちの92パーセントが、チーム内にいる好奇心の強いメンバーはアイデアを提供してくれると考えていたことも驚くに当たらない。

好奇心がカルチャーとして根づいている職場はとても少なく、個人レベルでも時間の経過と共に低下することを示す証拠もある。新しい仕事を始めたばかりの250人を対象にしたジーノの調査では、半年間で好奇心のレベルが平均20パーセント以上低下していた。仕事が忙しすぎて、質問ができなくなっていたのだ[6]。

事前分析をより良いものにする探究心の旺盛なカルチャーを職場で育むには、多くの努力が必要だ。でも、それは特別に難しいことではない。ポイントは、質問が促され、質問者が報われる環境をつくることだ。

僕が出版社のイーマップ社で働いていた頃、同社の気さくなCEOロビン・ミラーは、作業中の社員の仕事場を1人ずつ訪れ、おもむろに近くの椅子を引っ張って座り込むと、そのことに驚く様子もない社員にいまどんな仕事をしているのかを尋ねていた。ジーノも実験によって、「今日、好奇心を持った話題や活動はなんですか?」というごく簡潔な質問に4週間答えさせただけで、労働者が仕事で革新的な行動を起こしやすくなることを明らかにした。もう1つの方法は、「バズ1」のフレーミングを用いた学習アプローチを採用することだ。問題を個人的なものではなく、グループ全体で取り組むべきものという枠組みでとらえる。

不安や恐れを感じることなく同僚とプロジェクトについて率直な話がしたいのなら、事前分析はとても有用な方法だ。好奇心と質問が歓迎されるカルチャーを育てれば、それはさらに有益なものになるだろう。

まとめ

- 複雑で手順の多い作業をすぐに行わなければならなくなったときは、まずチェックリストを作成しよう。安心感が得られ、重大な見落としも起きにくくなる。
- 完了に数週間や数ケ月かかる複雑で手順の多い作業を行うときは、事前分析の実施を検討しよう。最低でもいくつかの有益なアイデアは生まれるはずだし、うまくいけばそれまで見逃していた重大な問題に気づける。

バズ
10 リラックスしよう

■僕たちは職場で「別の自分」を演じている

この本では、仕事をもっと楽しく、やりがいのあるものにするための方法を紹介してきた。第1部「リチャージ」では、活力や熱意、創造性を回復するための12の簡単な「自分自身の充電方法」を説明した。第2部「シンクロナイズ」では、コラボレーション力や集合知を高め、職場のチーム全体の同期（シンクロナイゼーション）を実現するための8つの戦略について考察した。第3部「バズ」では、個人としてではなくチームとして団結したときにいかに多くを達成できるか、活気に満ちた「バズ」の状態をつくり、チームが最大の力を発揮しやすくするには「ポジティブ感情」と「心理的安全性」がとても大切であることを見てきた。

でも、バズをつくり出すために欠かせない、ジグソーパズルの最後のピースをまだ紹介していない。それが、この第3部の最後となる10番目のトピックだ。第2部では、「笑い」に人々を結びつけ、絆を深め、回復力を高め、信頼を築き、想像力を広げる力があると説明した。ここでは、笑いがバズをつくるためにも重要な役割を果たすことを探っていく。

バズを意図的につくることは簡単ではない。その大きな理由は、僕たちが人前でありのままの自分をさらけ出すことを苦手としているからだ。子どもの頃、自分や友達の母親が、電話に出るときに1オクターブも声を高くすることに驚かなかっただろうか。僕たちはそんな大人を見ながら、周りに良い印象を与えるための方法を学んでいく。そうすれば、誰かに悪口を言われたりしなくてもすむこともわかってくる。

大人になっても、職場では真面目な顔をして真面目に働かなければならないと考え、頑張って自分の良いイメージを保とうとしている。ハーバード・ビジネス・スクールのエイミー・エドモンドソンが指摘しているように、人が他人に良い印象を与えようとして、発言や行動を控えめにしていることは、研究結果もはっきりと示している。

僕たちは、「ブリーフィングのときは家にいるときみたいに大きなげっぷをしてはいけない」ということを理解しているだけではない。職場では業績レビューやスタックランキング、絶え間ないメールやミーティング、評価などにさらされているために、自分になるべく周りの目が向かないような行動をしようとしているのだ。次第にキャラクターも無難なものになり、角の立つ言動はできるだけ避けるような人間になっていく。

母親たちが世間から悪い評判を立てられないように上品な声で電話に出ていたのと同じように、上司や同僚が求めているような人間になるために仕事上の人格をつくり上げていく。僕たちは自宅ではジョギングパンツによれたTシャツといった恰好で寛ぎ、自分自身でいる。でも職場では、別の自分を演じている。

■「とても愉快な人」がチームを強くする

ジャッジ・ビジネス・スクール（ケンブリッジ大学の一部）に勤める民族誌学者のマーク・デ・ロンドは、実施調査を行う際、まず対象のチームと何週間、何ケ月間も行動を共にする。そして、もともとそのチームにいた人間だと思われるくらいになるまで溶け込むことで、優れたチームワークを生じさせている条件が何かを驚くほど正確に観察できる目を養おうとしている。ケンブリッジ・ボートレースの２００７年の優勝チームを対象にした調査は、笑いが持つ大きな信頼をもたらす力を明らかにするものになった。

ボート競技ではあらゆるものが分析の対象になる。選手のパフォーマンスはパワーやスタミナ、最大筋力、1対1テストなどの成績で測定される。だが、このスポーツには心理的な側面もある。デ・ロンドによれば、選手たちはレギュラーの座をつかむための心理的な駆け引きにもはまり込んでいる。メンバーに選ばれるためには、チームに協力する精神が欠かせない。だがデ・ロンドはチーム内でポジションを争う選手たちは「したたかな計算に基づいた」行動もしていると指摘している。

デ・ロンドによれば、このときのチームの場合、「6人のメンバーに選ばれたのは、個人的な能力がチーム内で6位までの選手たちではなかった」という。2007年のメンバーには、コーチのアドバイスに反して、ワイルドカードと呼ぶべき選手が選ばれた。この選手は能力的にはトップクラスではなかったが、とても愉快な性格をしていた。そのユーモア精神が、過酷なレースの場でチームに絆と信頼をもたらしたのだ。[1]

そのメンバーがチームに心理的安全性とポジティブ感情をもたらしたことがレースの結果にどう影響したのかを正確に測ることは難しい。それでも、2007年のレースの10日前、チームは「能力は劣るが、愉快な性格をしているから」という理由で選手をメンバーに選ぶ」という常識では考えられない判断をするのに十分な妥当性を感じていた。モレージー・ボートクラブとの定期戦で敗れた直後だったチームは、打開策を探していた。率直な議論の末、舵手（コックス）のラス・グレンを外し、代わりにレベッカ・ダウビギンを入れることになった。コーチは反対したが、選手たちは押し切った[2]。それから2週間も経たないうちに、ダウビギンはチームを3年ぶりの優勝に導いた。

ここで起きたことすべてに理由づけをするのは簡単ではない。ただし、この「とても愉快な」選手がチームで発していたポジティブ感情が、チームの選手たちが本音をぶつけあい、思い切った決断ができるような心理的安全性をつくり出すことに役立ったのは間違いないはずだ。結果がそのことを物語っている。

■エンドルフィンが「自意識」を弱める

ケンブリッジのボートチームの例は、ユーモアとポジティブ感情の間の直接的なつながりは示せても、ユーモアと心理的安全性のつながりは間接的なものであることを示唆しているかもしれない。だが、オックスフォード大学とユニバーシティ・カレッジ・ロンドンのチームは、後者のつながりも直接的なものである可能性があることを実証している。ロビン・ダンバー、ブライアン・パーキンソン、アラン・グレイは、笑いが他人との協力への意欲に与える影響を調べた。

職場では、笑いはあまり見られないものだ。「大人は子どもみたいに一日中笑わないものだ」という世間一般の考えが、大人をさらに真面目腐った顔にしている。それももっともかもしれない。人は職場で非難されたり解雇されたりしたくないので、警戒心を緩めようとしない。だから誰も仕事中はリラックスしていないし、笑ったりもしない。

ダンバーらの実験では、4人1組のグループにコメディ動画を見せた(「シンクロナイズ5」で見たように、人は1人でいるときよりも他人と一緒にいるときのほうが笑いやすい)。動画(コメディアンのマイケル・マッキンタイアが出演しているもの)を見た後、各被験者は同じグループの人向けに「自分のことを相手によく知ってもらうための」自己紹介文を書くように求められる。[3] 研究者はその自己紹介文を、どれだけ自分のことを飾らずに描写しているかという基準で採点した(「1月にポールダンスをしていて落っこちて鎖骨を折ってしまいました」「いまはボロアパートで(ネズミと一緒に!)暮らしています」といった、正直に自分をさらけだしている描写があると点数が高くなる)。

その結果、コメディ動画を見て一緒に笑ったグループは、動画を見なかった対照群に比べて、自分をさらけだすような親密な表現を多く用いる傾向が高いことがわかった。これは生理学的にも説明できる。研究者たちは「コメディ動画を見たグループが飾らずに親しみのある方法で自分を表現したのは、笑いがエンドルフィンの分泌を促したからだと考えられる。エンドルフィンがもたらすオピオイド効果によって、コミュニケーションはリラックスしたものになりやすい」と述べ、「エンドルフィンは、自意識を弱めると考えられる。その結果、自分のことを相手に知られすぎたり、〝変わっている〟とか〝好ましくない〟と思われたりすることへの不安が和らぎ、親密なコミュニケーションが促される」と続けている。つまり、人は笑うことで自分の本当の姿を他人に見せるようになり、他人の特徴的な部分も受け入れやすくなる。

なぜ、これが職場でも重要なのか？　そう、チームがリラックスして笑う機会が増えれば、議論は全員が積極的かつ平等に参加する「爆発的」なものになりやすい（「バズ8」を参照）。笑いは、自分の考えが他人に無視されるのではないか、提案が冷ややかな扱い（「来年のクリスマス休暇はもっと違う形で過ごしたい」と言ったときに家族から白い目で見られるときのように）を受けるのではないかといった不安を和らげてくれる。

この第3部の冒頭では、エイミー・エドモンドソンの手術室を対象にした研究で、威圧的な外科医に怯えた看護師が提案をためらうようになることを説明した。これは心理的安全性を欠く職場にありがちな壁だ。

笑いがつくる安全な空間によって、人は自由に考えを述べられるようになる。ダンバーも「笑いは自意識を解きほぐし、自分自身をさらけだすことへの抵抗も弱まる」と言う。当然、このように寛ぎ、常識にとらわれない発想ができるとき、最高のアイデアは生まれやすい。エドモンドソンの研究でも、心理的安全性の高い手術室では目から鱗が落ちるようなアイデアが生まれる確率が高かった。たとえば、新しい方式の心臓手術を実践することで生じていたある問題は、長い間忘れられていた「鉄のインターン」という渾名のクランプを使えばいいという、ある看護師による提案で解決された[4]。

コメディ・セントラルの番組『ザ・デイリー・ショー』のホストを務めるコメディアンのトレバー・ノアは、チームでの創作プロセスにおける笑いの重要性をこう説明している。「チームで集まって台本を制作しているときも、番組と同じようなノリの笑いがその場でも起こるようにしている。笑いはたばこの臭いが服に染み込むみたいに、身体に染み込むものだと思うからだ[5]」。チームがリラックスしていて、ポジティブ感情や心理的安全性があるとき、最高のアイデアが生まれる。ボート競技の選手たちは本音で意見を口にし、看護師は外科医に提案をし、実験の被験者は警戒心を解いて普段の自分をさらけ出すようになる。笑いは贅沢なものではない。それはバズを促し、バズから生み出されるものなのだ。

まとめ

- チーム内に笑いを起こすために、ユーモアのセンスがあるメンバーの力を活用しよう。
- 笑いが、バズに欠かせないポジティブ感情と心理的安全性をつくり出すことを忘れないようにしよう。

エピローグ　#LoveWhereYouWork

ツイッターロンドン支社を立ち上げてから1年が経過した頃、チーム全員を大きく変える出来事が起こった。

グレート・ティッチフィールド・ストリートの貧相なオフィスで働いていた僕たちのチームは、小さいながらも急速な成長を続けていた。ソフトウェアエンジニアや営業担当者、マーケティング担当者が、シリコンバレーのスタートアップ企業から想像するような華やかさはみじんも感じられないようなみすぼらしい職場で、限られたスペースを奪いあうようにして仕事をしていた。

6人という小規模でスタートしたチームならおそらくどこもそうであるように、20人、40人とメンバーは増え続けていても、全員が深い絆で結ばれ、同じ方向に向かって進んでいるという感覚が残っていた。それは週に数回訪れる、地元の馴染みのパブみたいな心地良い場所だった。

職場は熱気に満ちていた。すべてがうまくいっていた。ユーザー数も広告収入もぐんぐん増えていた。オフィス環境が劣悪だったにもかかわらず、だ。営業部門の責任者で、現在はイギリス支社のマネージングディレクターを務めているダラ・ナスルは、このひどいオフィスの中でもとりわけひどいデスクを選んだ。

石柱があるためにいびつな形をしていて、デスクの作業スペースもティートレイほどの広さしかなく、座っている状態ではタイピングができないほどのひどい空間だった。その選択は象徴的だった。営業部門の責任者が手足の血流が悪くなるような椅子に座っているのなら、誰も自分の席からの窓の眺めが悪いと文句を言うことはできない。実際、誰も文句を言ったりはしなかった。こんな状況ではあったけど、業績は絶好調だった。

そんな夏の終わりのある日、チームの誰からも愛されているマーケティング・マネージャーのルーシー・モズリーが、病気で休むというメールを送ってきた。彼女は僕たちの小さなチームの中でもとりわけ体力のある人間だった。想像力や創造力が特別に優れているのではなかったが、その代わり「あの件についてどう思う？　これのどこが気に入ったの？」といった調子で同僚から良いアイデアを引き出すという役割に徹していた。

ルーシーには、人の考えに目を輝かせながら興味を持つという素晴らしい才能があった。毎日のように、堆(うずたか)く積み上げられたもみ殻の中から黄金のかけらを見つけた。ルーシーは医師の忠告に従い、小さな手術を受けた。会社の全員の強い勧めもあって、1ケ月間仕事を休んでから、徐々に仕事に復帰することになった。ある金曜日の昼休み、ルーシーは静かにノートパソコンの画面を閉じ、家路についた。僕たちのほとんどは、二度と彼女に会えなかった。

日曜日の朝、僕は電話を受けた。ルーシーは末期がんと診断された。腫瘍は全身に広がっている。入院していて、余命はおそらくあと数日しかない。ステージ4のがんだと宣告されることはとてつもなく残忍だ。がん患者は、他人がどうやってこの病気を克服したのかという話や、「戦いを止めない」ことがいかに大切かを耳にするものなのかもしれない。

でも、ルーシーのようなケースではそれも叶わない。がんだと気づくまでに長い時間がかかったことが、せめてその人の強さを物語るものだったと受け止めるしかない。がんは全身に転位し、もはや戦う余地がなかった。その事実が、がんを宣告されたという事実をさらに残忍なものにしていた。

入院先の病院には厳しいルールがあった。たとえば、病室に花を持ち込むことは禁止（花粉症のリスクがあるため）で、お菓子の差し入れも禁止だった（砂糖はがん細胞の餌になるので）。ルーシーの婚約者は、ストレスや刺激から彼女を守るために、僕たち職場の同僚たちに、メールやツイートをしないこと、見舞いには来ないことを求めた。もっともな判断だった。このような状況で、ルールを破ることなくルーシーに愛のメッセージを届けるにはどうすればいいのだろう？

頭を悩ませた僕たちは、スカイペインティングでメッセージを届けるのはどうだろうといったことまで思案していた。そんなとき、同僚のリンジーが名案を思いついた。それは、みんな

で大きな毛布を手編みして贈るというものだ。素晴らしいアイデアだった。唯一の欠点は、僕たちは誰1人として編み物ができなかったということ。でも、そんな小さな問題にかまってはいられない。月曜日の仕事を終えると、さっそく編み物のレッスンが急遽手配された。全員が、少なくとも20列を編むことになった。時間との戦いだった。

Today's meetings have featured knitting. Lots of knitting.
6:36 PM - 14 Oct 2013
1 Retweet 11 Likes

Bruce Daisley
@brucedaisley
When you're reminded that you work with the best people in the world... Our week's work for someone we truly love.
6:58 PM - 18 Oct 2013
6 Retweets 66 Likes

11号のサイズの編み針が当たるカチカチという音がみんなの心を癒し、柔らかい羊毛が頑丈なシートに姿を変えていった。魔法の力を持った何かを全員でつくっているような感覚もあった。この一針一針が、愛する仲間の病を癒すことを夢見た。数日のうちに、素人集団の僕たちは、8フィートのタペストリーを縫いあわせた。賞を取るような代物ではないけれど、愛情はこもっている。

急いでドライクリーニングし、美しい装丁のアルバムに写真を貼り、メッセージを入れて梱包した。ルーシーの戦いが終わろうとしているという電話があった。自分たちのメッセージがその前に届くことが、叶うことのない夢のように感じられた。彼女の療養先になっているホスピスに毛布を送った。朝が午後になり、午後が夕方へと変わった。夜7時すぎにルーシーがメッセージを送ってきた。それは数週間ぶりのツイートだった。

Lucy Mosley @LucyCDMosley · 21 Oct 2013
Keeping cosy with my @TwitterUK @Twitter blanket #LoveWhereYouWork #Family
（ツイッターUKの仲間が手編みしてくれた毛布で快適に過ごしてる）

この夜、同僚たちは僕と同じように、涙を流して喜んでいたはずだ。僕たちはルーシーと一緒にいられなかったかもしれない。でも、彼女に僕たちの愛が届いたことがわかり、下手な手編みのキルトに包まれている姿を目にできて、心から嬉しかった。

このエピソードを紹介した理由は、ルーシーが「#LoveWhereYouWork」というハッシュタグで、僕たちの職場にムーブメントを起こしてくれたと感じたからだ。どこの会社でもおそらくそうであるように、ツイッターロンドン支社にも「ここは最高の職場だ」と感じる瞬間があった（そうでないときもあった）。僕たちはルーシーのこのハッシュタグを使って、職場の

人たちとのつながりの中で感じたことを共有してきた。

ツイッターで働くことの感想を友人に求められたとき、僕たちは「#LoveWhereYouWork」のハッシュタグでツイートを見てほしいと伝える。それは僕たちがこの職場で働くことに対して感じている気持ちを証明するものにもなっている。メディアは、社員が会社への愛を口にするようになると、すぐにそれを怪しい目で見ようとする。自然に生じた連帯感ではなく、企業によるマインドコントロールの仕業だと考えるのだ。社外の人間からは、「このタグは一体何なの?」と尋ねられる。それも当然だ。それはバッジのように身につけるものではないから。

Lucy Mosley
@LucyCDMosley
Following
Keeping cosy with my @TwitterUK @Twitter blanket #LoveWhereYouWork #Family
7:01 PM - 21 Oct 2013
16 Retweets 214 Likes

今日、このハッシュタグをクリックすると、ささやかな出来事が綴られていることがわかる。ツイッターのどこかの支社の社員が、誰かにコーヒーを淹れてもらい、そのことについて冗談を言っていたりする。もう少し特別なことが書かれている場合もある。たとえば、地元の子どものための活動をするために午後の仕事を早めに切り上げたことを報告するチームがあったりする。

僕にとって、このタグは特別な意味がある。それは管理職である自分が、社員が十分に能力を発揮でき、誇りを感じながら金曜日の夜に仕事を終え、恥ずかしがることなく「この職場が大好きだ」と言えるような環境をつくらなければならないことを思い起こさせるものになった。ルーシーがあのツイートをしてからも、同僚が自分の仕事を愛していると感じているとは思えないようなときも何度かあった。顔はこわばり、1日の仕事を終えて重い足取りでドアから出ていく。でも、常にすべてがうまくいっていると感じられないからこそ、もっと職場を良いものにしたいという思いも湧いてくる。

誰もが誇りを感じながら仕事をしたいと思っているし、同僚と共に笑う喜びを愛している。僕はポッドキャストやこの本、そしてツイッターやリンクトインの人たちとの日常的な議論を通じて、働き方を改善する秘訣を探ってきた。そして、昼休みをとるなんて軟弱者のすることだとか、職場はおしゃべりや笑いではなく恐怖や不安で満たされるべきだと主張する人たちを黙らせるような科学的なエビデンスを見つけることに喜びを感じている。残念なのは、こうした証拠の多くが専門誌や研究論文の中に留まっていることだ。この本で目指したことは、こうした価値ある情報を一般の読者に伝えることだった。

読者のみなさんが、この本で紹介した30のアイデアを試して、仕事の楽しさを取り戻せるようになることを心から願っている。何かあれば、ツイッター（@brucedaisleyまたは@EatSleepWkRpt）やメール（brucedaisley@gmail.com）で連絡してほしい。

#LoveWhereYouWorkのハッシュタグで、あなたが再び仕事と恋に落ちるようになったことを教えてほしい。

謝辞

本書を完成に導いてくれた人たちに心から感謝したい。

トゥラとビリーとキャロルは僕に「ジョイ・オブ・ホーム」を与えてくれた。家族はいつも笑顔が苦しさを和らげることの意味を知っていた。母とジョーがいつも驚きに満ちた日々を楽しんでいることをとても嬉しく思う。

インスピレーションを与えてくれた「ザ・ニューヨーク・マニフェスト」の共同制作者スー・テッドに大きな感謝を。僕と同じく現代の職場が機能不全に陥っていると強く感じている。誰もそのことを口にしないという失望を抱いているところも同じだ。

マット・ペニントンにはどれほど感謝すればいいのかわからない。時々、僕のポッドキャストをまともに聞いてくれているのは彼しかいないのではないかと思うこともある。

この本の初稿に対しても貴重なコメントをくれた。素晴らしい友人だ。このような楽しい本の企画を実現させてくれた、ナイジェル・ウィルコクソンとペンギン・ランダムハウスのチームに感謝を。ナイジェルは素晴らしく協力的だった。編集作業がこれほど楽だったのは彼のおかげだ。

最後に、過去に僕に仕事の喜びをもたらしてくれたすべての人たちと、いまそうしてくれているすべての人たちへ。

いまの僕にとって、毎日、リアーナやレベッカ、ダラと一緒に笑うことは、ツイッターで働くことのハイライトだ。僕は決してこの幸運を当然だとは思っていない。

本文中、かっこで番号があるものは原注があります。
参考資料と併せて、http://www.diamond.co.jp/go/pb/workhack.pdfより
ダウンロードいただけますので、ご活用ください。

［著者］

ブルース・デイズリー（Bruce Daisley）

Google、YouTubeなどを経て、本書執筆時には、TwitterにてEMEA（欧州・中東・アフリカ）のヴァイスプレジデント。また、イギリスのナンバーワン・ビジネス・ポッドキャスト「Eat Sleep Work Repeat」を主宰。ガーディアン誌、フォーブス誌、デイリー・テレグラフ紙などで取り上げられる。キャンペーン・マガジン誌からは「メディアの中で最も才能のある人物の１人」と賞賛され、多数の受賞歴を誇る。本作は、チャータード・マネジメント・インスティチュートの「マネジメント・ブック・オブ・ザ・イヤー 2020」の最終候補作となるなど注目を集め、すでに18ヶ国で刊行が決定した世界的ベストセラーとなっている。

［訳者］

児島 修（こじま・おさむ）

英日翻訳者。立命館大学文学部卒（心理学専攻）。訳書に『自分を変える１つの習慣』（ダイヤモンド社）、『自分の価値を最大にするハーバードの心理学講義』（大和書房）、『毒になるテクノロジー』（東洋経済新報社）などがある。

Google・YouTube・Twitterで働いた僕がまとめた

ワークハック大全

——仕事がサクサク終わってラクになれる科学的メソッド

2020年９月28日　第１刷発行

著　者——ブルース・デイズリー
訳　者——児島 修
発行所——ダイヤモンド社
〒150-8409　東京都渋谷区神宮前6-12-17
https://www.diamond.co.jp/
電話／03･5778･7233（編集）　03･5778･7240（販売）
装丁————井上新八
本文デザイン・図表—松好那名（matt's work）
校正————鷗来堂
DTP　———桜井淳
製作進行——ダイヤモンド・グラフィック社
印刷・製本—勇進印刷
編集担当——木下翔陽

ISBN 978-4-478-10813-0